C=O
NH2
CH3-CH2-CH2-CH3
Al(OH)3 → Al2O3 + 3 H2O
CH3-COOH
NO2
H2O
CH3C=O
NH2
CN
HN
Z
R1
R2

C=O
NH2
CH3-CH2-CH2-CH3
CH3-COO
NO2
2Al(OH)3 → Al2O3 + 3H2O
HN
N
CN
CN
R2
CH3C=O
NH2

녹색외계인과 미래여행

대한과학진흥회 엮음

스완미디어
SWAN MEDIA

책 머리에

오늘날 우리들은 고도로 발달된 과학 문명의 혜택 속에 살고 있습니다.

우리의 선진 조국 창조를 위해 무엇보다 중요한 것이 과학기술의 개발입니다. 특히 자원이 부족한 우리나라에서 가꾸어야 할 유일한 자원은 과학 기술로 무장한 풍부한 인력 자원입니다.

대한 과학 진흥회에서는 배우는 학생들을 위해 사물을 깊이 관찰하는 습관과 합리적이고 창의적인 과학적 사고를 심어 주기 위한 방법의 하나로 과학 문고를 엮어 내고 있습니다.

과학 문고를 펴냄에 있어서 딱딱한 과학지식을 그림을 곁들여 쉽고 재미있게 이야기로 풀어 써서 학생들이 스스로 원리를 발견하고 재미를 느끼게 함으로써 과학의 여러 분야에 대하여 흥미를 갖고 접근할 수 있도록 하였습니다.

이 책과 더불어 많은 학생들이 과학에 깊은 관심을 갖고 탐구심과 창의력을 기르며 과학을 생활화 할 줄 아는 사람이 되는데 많은 도움이 되었으면 하고 바라는 마음 간절합니다.

기획편찬 **대한과학진흥회**

차례

새로 온 학교

보람이는 가슴이 두근거렸다. 오늘이 서울로 이사해서 새 학교에 가는 첫날이기 때문이다. 보람이는 엄마와 손을 잡고 학교로 갔다.

늦가을이었다. 버스정류장 가로수가 줄지어 서 있었다. 노랗고 빨갛고 거무죽죽한 낙엽들이 땅에 떨어져 있었다. 낙엽들이 바람에 떠밀려 뒹굴어 다니기도 했다. 보람이는 자신의 발보다 큰 낙엽들을 하나씩 하나씩 밟고 걸어갔다. 재미있었다. 피아노 건반을 누르면 밝고 명랑한 소리가 나듯 낙엽 밑에서 노랫소리가 들려오는 것 같았다.

'어떤 학교일까? 선생님은 여자일까? 남자일까? 무섭지는 않을까? 내 짝꿍은 어떻게 생긴 아이일까?'

보람이는 마음이 붕 떠서 온갖 상상을 다했다.

마침내 학교 앞에 이르렀다.

그런데 보람이는 학교 주변을 지나오면서 점점 마음이 무거워졌다.

아름드리 숲에 둘러싸인 시골 학교와는 서울 학교의 주변 환경이 너무 딴판이었기 때문이다.

숲은 커녕 나무 한 그루도 보이지 않았다.

학교는 아파트와 공장 지역의 가운데에 있었다. 아침인데도 하늘은 뿌옇게 흐려져 있고, 멀리서 보이는 공장 굴뚝에서 시커먼 연기가 솟아오르고 있었다.

보람이는 새로운 학교에 대한 들뜨던 마음이 금세 사라지고 이런 곳에서 어떻게 학교를 다닐 수가 있을까 하는 두려움이 앞서기 시작했다.

교무실에 엄마와 함께 들어갔다.

선생님들이 여기저기 앉아서 이야기를 나누고 계셨다. 키가 크고 체격이 우람한 선생님께서 벙글벙글 웃으며 보람이에게 다가왔다.

"네가 이보람이구나, 내가 너의 담임 선생님이야. 아주 똘똘하게 생겼는데."

선생님은 큰 손으로 보람이의 머리를 쓰다듬어 주었다. 보람이는 쑥스럽고 부끄러웠다.

선생님은 보람이의 전학서류와 성적표를 보고 흐뭇한 표정을 지으며 말했다.

"보람이는 꽤 멀리 경상남도에서 왔구나. 어떻니? 서울 학교에 온 기분이?"

보람이는 고개를 들지 못하고 조그맣게 말했다.

"좋아요."

사실은 서울로 이사 간다는 말을 엄마로부터 들었을 때는 너무 신이 나고 기분이 좋았다.

서울은 신기한 것이 많을 것 같았다. 텔레비전을 통해 본 63빌딩, 대형 백화점, 어린이 대공원, 동물원 등등. 서울은 지금껏 시골에서 보지도 듣지도 못한 것들로 가득 찬 곳이라고 생각했었다.

보람이는 엄마에게 서울에는 언제 이사 가냐고 다그쳐 물었었다. 물론 시골친구들과 헤어지는 것은 몹시 섭섭했다.

시골 학교는 작았다. 마을 사람들이 점점 서울이나 큰 도시로 떠났기 때문에 오학년 전체가 서른 명을 넘지 못했다. 보람이네도 보람이와 새롬이의 교육문제 때문에 서울로 이사가기로 결정했던 것이다. 시골동네인 감나무골에서 보람이네는 할아버지가 물려주신 논과 밭농사로 꽤 넉넉한 편이었다. 그러나 서울로 막상 이사 가려고 서울 집값을 알아보면서 보람이네 부모님은 서울 집값이 생각했던 것보다 비싸다는 것을 알고 이사 가는 것을 망설이기도 했다. 그러나 보람이의 엄마는 서울로 가서 아이들을 공부시켜야 한다는 결심을 굳혔다. 엄마의 결심에 오랫동안 곰곰이 생각하시던 아버지는 서울에 있는 고모댁에 올라 가서 서울 주변에 아파트값이 비교적 저렴한 00동에 집과 쌀가게를 계약하고 왔다고 말씀하셨다.

보람이는 서울 가는 것이 좋기는 했지만 서울 못지않게 농촌도 좋은 교육 시설을 만들어서 농촌을 떠나는 사람들이 없었으면 좋겠다고 생각했다.

시골 학교는 아름다운 곳이었다. 학교와 멀지 않은 곳에 바다가 있었다. 바다새들은 아침이면 끼억끼억 울음소리를 내며 바다 수평선 위로 날아다녔다.

토요일이면 아이들과 선생님은 바다에 나갔다. 바다게도 잡고 우렁쉥이, 미역을 따기도 했다. 바위에 있는 푸른 이끼 때문에 조심해서 걷지 않으면 미끄러지기도 했다.

보람이는 서울로 이사오기 전 날, 같은 반 아이들과 작별인사 나눌 때 몹시 슬펐다. 아이들에게 잘있어 편지할게라는 말을 했을 때는 마음이 울컥해져서 눈물이 났었다.

보람이는 서울로 이사 온 것이 좋다고 생각했었는데 막상 서울 학교에 와보니 왠지 두려움이 커지기 시작했다. 그래서 선생님에게 어떻게 말을 해야 할지 괜히 떨리기만 했다.

"보람이는 공부도 잘했구나. 계속 일등만 했어. 그래 잘해

봐라."

선생님은 보람이의 어깨를 가볍게 두들겨 주었다.

보람이는 선생님의 뒤를 따라 5학년 2반이라고 팻말이 달려 있는 교실로 들어갔다.

"자, 여러분께 새로운 친구 한 사람을 소개하겠습니다. 이름은 이보람, 경상도에 있는 신성 초등학교에 다니다가 이번에 우리 삼성 초등학교로 전학을 오게 되었습니다. 앞으로 서로 좋은 친구가 되도록 해요. 자 이보람 자기 소개를 직접 해봐요."

선생님께서 이렇게 말하며 보람이를 쳐다보았을 때 보람이의 몸은 순간적으로 움찔했다. 왜냐하면 5학년 2반 아이들이 보람이를 향해서 새까만 눈동자를 굴리며 호기심 어린 눈으로 지켜보고 있었기 때문이다.

또한 선생님이 보람이를 지그시 내려다보고 있었다.

보람이는 왠지 모를 두려움 때문에 전신이 떨렸다.

그러나 겉으로 표시를 내고 싶지 않아서 온몸에 힘을 주고 또박또박 말을 하려고 애썼다.

"이보람입니다. 앞으로 여러분과 잘 지냈으면 좋겠습니다."

보람이가 간신히 입을 떼고 말하자 아이들은 기다렸다는

듯이 박수를 쳤다.

그 때 교실 뒤에서 키 큰 아이가 소리쳤다.

"야, 재좀 봐, 후들후들 떨고 있네. 꼭 뭐 훔쳐먹다가 들킨 쥐새끼같애."

아이들은 일제히 '와하하' 하며 웃음을 터트렸다. 어떤 아이는 책상을 두드리며 웃었다. 보람이가 떨고 있는 것을 보여주지 않으려고 애썼지만 후들후들 떨고 있는 것을 아이들

은 보고 있었던 것이다.

보람이는 얼굴이 화끈거렸다.

"심퉁이! 새로 온 친구에게 무슨 말을 그렇게 하니. 잘 지내도록 해라."

선생님의 목소리는 약간 굳어 있었다.

보람이를 놀렸던 심퉁이는 머리를 긁적였다.

보람이는 교실 맨 뒷자리에 앉아 있는 심퉁이를 힐끔 바라보았다.

'심통이'라는 별명처럼 몸집은 크고 뚱뚱했다. 그래서인지 어딘지 둔해 보이고 양쪽 볼은 늘어져 놀부처럼 심술궂게 보였다.

'어디 두고 보자. 첫날부터 망신을 주다니!'

보람이는 온몸에 힘을 주었다. 빨리 이 자리를 벗어나고 싶었다.

"보람이는 혜빈이 옆에 앉도록 해라."

선생님은 보람이에게 키가 몇이냐고 묻고 나서 교실 중간쯤을 가리키며 말했다.

보람이는 책가방을 들고 선생님이 가리킨 빈 자리로 가서 앉았다.

짝꿍은 여자 아이였는데 머리카락이 길고 눈에 크게 쌍꺼풀이 져서 예뻤다.

보람이는 두렵고 기분 나빴던 마음이 금세 사라지고 혜빈이라는 여자 아이를 보자마자 가슴이 콩닥콩닥 뛰기 시작했다.

보람이는 주위에 앉아 있는 아이들이 힐끔힐끔 자신을 쳐다보는 것을 느꼈지만 모른 척하고 칠판만 똑바로 쳐다보았다.

그러나 칠판에 있는 글씨가 전혀 눈에 들어오지 않았다. 아까 자신을 놀렸던 심퉁이의 말이 생각났다.

'훔쳐먹다 들킨 쥐라니, 귀가 길어서 당나귀라는 별명이 있긴 했지만 어떻게 쥐라고 부를 수 있어? 시골에서 왔다고 우습게 나를 보면 큰코 다칠 줄 알아라. 심퉁인지 샘통인지!'

옆 반 선생님이 문을 두드리시자 책을 펼치라고 말하고 있던 선생님이 잠깐 나가셨다.

혜빈이는 보람이에게 말을 걸어보려고 때를 노렸는데 이때다 싶어 용기를 내어 말을 걸었다.

"얘! 너 집이 어디니?"

"응, 진달래 아파트야."

"어, 나도 그쪽 동네인데, 어디쯤이야?"

"95번 버스정류장 지나서 오른쪽 길로 꺾어서 곧장 가면 돼."

"아, 그렇구나! 우리 집은 왼쪽으로 가는데…"

혜빈이의 눈동자는 반짝반짝 빛이 났다. 머리를 분홍색 끈으로 묶었는데 끈에 달린 방울이 대롱대롱 매달려 흔들렸다.

보람이는 혜빈이라는 이름을 선생님한테 들어서 알고 있었지만 다시 한번 더 묻고 싶었다.

"네 이름은 뭐니?"

"음, 혜빈이라고 해. 세상을 지혜롭고 남들에게 빛과 같은 밝음을 주라는 뜻으로 우리 할아버지께서 지어주신 이름이야."

보람이는 고개를 끄덕이며 빙그레 미소를 지었다. 그리고 혜빈이에게 작은 목소리로 속삭였다.

"넌 참 좋은 이름을 가졌구나~."

"너두~."

혜빈이도 밝게 웃으며 말했는데 그 모습이 마치 꿈속에서 만난 날개 달린 요정같았다. 보라색 바탕의 검은색 땡땡이 무늬의 원피스는 어쩌면 보라색 나비같기도 했다.

그 때, 한 사내 아이가 보람이에게 다가왔다.

심통인지 쌤통인지 보람이를 놀렸던 그 아이였다.

"이름이 보람이라구! 생긴 건 얌전한 샌님처럼 생겼는데! 너 나한테 잘보여. 내 이름은 김심동인데 다들 그냥 심통이라고 불러, 내 말 안 들으면 너 학교 생활하는 데 좀 어려움이 있을거야."

심퉁이는 손을 내밀었다.

보람이는 이 상황을 어떻게 처리해야 할지 당황스러웠다. 마음 같아선 혜빈이 앞에서 보란 듯이 거들먹거리는 심퉁이의 얼굴을 한대라도 쥐어박고 싶었지만 전학 온 첫날부터 싸울 수는 없었다.

내민 손을 잡지 않을 수도 없고 그렇다고 손을 잡는다면 심퉁이가 말한대로 그 아이의 뜻에 따르겠다는 표시가 될 것 같아서 이러지도 저러지도 못했다.

"선생님 들어오신다!"

교실 앞쪽에서 한 아이가 크게 소리쳤다.

"휴우."

보람이는 속으로 선생님이 오시는 것을 다행이라고 여겼다.

심통이의 결투 신청

점심 시간을 알리는 종이 울리자마자 교실은 시장바닥처럼 떠들썩해졌다.

아이들은 삼삼오오 떼를 지어 학교급식소로 가서 급식을 받아 점심을 먹기 시작했다.

보람이도 식판에 밥을 받아왔다. 혜빈이는 앞자리로 옮겨 가서 다른 여자 아이들과 먹었다. 보람이는 혼자 밥 먹기가 쑥스러웠는데 앞에 키가 작은 아이도 혼자 밥을 먹고 있었다.

그런데 심통이가 키가 작은 아이에게 다가가서 놀리듯이 말했다.

"원래 키 작은 사람이 밥을 더 많이 먹는단다. 얘들아 이것 좀 봐. 길수 식판에 밥이 전교에서 제일 많을거야. 반찬도 학교에서 제일 많이 퍼 담은거 같아. 아마 길수네 집은 가난해서 밥을 못 먹나봐."

심통이와 한 패거리인 것 같은 아이들이 우르르 길수 자리에 몰려들었다.

"아, 진짜 많이 담았네!"

아이들은 킥킥거리며 웃어댔다.

심통이는 길수의 식판을 툭툭 건드리며 낄낄거렸다.

길수는 금방이라도 울음을 터트릴 것 같았다.

길수는 실제로 집안이 가난했다.

그래서 길수 엄마는 학교에서 밥을 많이 먹고오라고 했었던 것이다.

길수도 이런 엄마의 마음을 모르는 것은 아니지만 쥐구멍이라도 들어가고 싶은 심정이었다.

길수는 집이 가난하다는 것보다 웬지 엄마에게 미안해져서, 눈물이 나올려는 것을 꾹 참았다. 자신의 건강을 늘 걱정하고 염려해주시는 엄마의 얼굴이 떠올랐기 때문이다.

길수는 일부러 심통이가 보란 듯이 수저에 밥을 떠서 열심히 먹기 시작했다.

도시락 때문에 기가 죽어서는 안 될 것 같았다. 길수의 마음속에서는 오히려 오기 같은 것이 생겨났다.

심퉁이가 길수에게 빈정거리는 것을 지켜본 보람이는 길수가 너무 불쌍해 보였다.

심퉁이가 계속 길수를 놀리자 보람이는 더 이상 보고만 있을 수 없었다.

"야~ 심퉁아 그만해!"

보람이는 뒤에서 조용히 말했다.

심퉁이는 보람이를 향해 눈을 돌렸다.

"뭐야? 오늘 처음 전학 온 촌뜨기 자식이 왜 남의 일에 끼어들어!"

"뭐 촌뜨기."

보람이는 '조금 더 참았으면 좋았을걸' 순간 생각이 번뜩 들었지만 촌뜨기라는 말이 기분이 몹시 상했다.

그 때 한 사내 아이가 다가왔다. 반장 수남이었다.

"그만해. 계속 이렇게 식당을 소란스럽게 한다면 선생님한테 말씀드릴 수밖에 없어. 정말 싸우고 싶으면 나가서 싸워."

수남이가 진지하게 말을 하자 심퉁이는 더 이상 어쩌지 못하겠다는 듯이 제자리로 돌아갔다. 그러나 보람이를 향해 큰 소리로 외쳤다.

"너 이번주 토요일. 학교 식물원 뒤뜰에서 만나자."

보람이는 아무 말도 하지 않고 고개를 숙였다.

전학 온 첫날부터 같은 반 아이와 싸움을 하기로 했다는 것이 스스로 생각해도 어처구니가 없었다.

오후 수업을 마치고 운동장으로 나온 보람이는 목이 말라서 운동장에 있는 수돗가로 갔다. 그러나 보람이는 물을 먹다가 오히려 뱉어 내고 말았다.

물 색깔이 약간 붉은기를 띠고 있었다. 물맛도 시원하기는 커녕 밍밍한 맛이었다.

옆에 물을 먹고 있던 육학년 형에게 물색깔이 왜 이렇게 붉으스름하냐고 물어보았다.

"그건 말이야, 물 사용이 적은 방학이 지난 다음이라 그래. 물탱크가 대부분 쇠로 되어 있잖아. 쇠가 녹슬어서 물색깔이 녹물처럼 변한 거야."

"이런 물을 먹는단 말이에요!"

시골에서 깨끗하고 맑은 물만 먹은 보람이는 녹물을 먹는다는 게 상상이 되질 않았다.

육학년 형은 오히려 보람이가 놀라는 모습이 이상했다.

"그럼~ 식수뿐만 아니라 화장실에도 사용하고 교실 청소할 때도 다 쓰지."

보람이는 화장실이나 청소하는데 이 물을 쓴다는 것은 이해가 되지만 식수로 사용한다는 것은 납득이 되지 않았다.

보람이는 집으로 돌아오면서 서울이라는 곳이 자기가 생각하고 있었던 것과는 딴판이라는 생각이 들었다. 보람이는 우울했다.

95번 종점을 지나가다 버스 뒤쪽에서 검은 연기가 풀풀거리며 나오는 것이 보였다.

'이렇게 많은 차들이 매일 검은 연기를 뿜어대면 하늘은 숨막히지 않을까?'

보람이는 그 종점 옆으로 매일 지나다녀야 할 일이 두려워졌다.

'나도 매일 검은 연기를 마셔야 하겠네!'

보람이는 자꾸만 가슴 한쪽이 갑갑해지는 것 같았다.

처음 사귄 친구

보람이는 종점 옆에 조그만 식품가게로 들어갔다. 초콜릿이라도 먹으면서 가고 싶었다.

"아주머니 초콜릿 하나 주세요."

가게와 조그만 방이 함께 딸린 식품점이었다.

뚱뚱한 아주머니는 방의 미닫이 문을 열고 나왔다.

"뭐 달라구?"

"초콜릿이오!"

보람이는 다시 한 번 말했다.

버스 종점에서 나오는 매연과 먼지 때문인지 과자 봉지 위에는 뽀얀 먼지가 쌓여 있었다.

보람이는 식품 진열대나 과자 봉지 위에 먼지를 보고 '괜히 이 가게에 들어왔구나' 하고 후회를 했다.

"옛다."

아주머니는 초콜릿을 집어서 주었다.

보람이가 초콜릿을 들고 나오는데 가게 옆에 쭈그리고 앉아 있는 강아지가 보였다. 흰 털 위에 검은 무늬가 점점이 찍혀 있는 털을 가진 작고 귀여운 강아지였다.

그런데 강아지는 조금도 움직이지 않았다. 강아지 옆에는 깨진 사발 그릇에 김치국으로 말아 놓은 밥도 있었는데 강아지가 먹은 흔적이 보이지 않았다.

어디가 아픈지 강아지가 조그맣게 신음소리를 내고 있었다.

가게 주인 아주머니는 강아지에 대해서는 전혀 신경을 쓰지 않는 것 같았다.

"복실아."

보람이는 강아지의 이름도 모르면서 그냥 복실이라고 불렀다.

복실이는 먼지와 버스에서 나오는 검은 연기를 뒤집어 써서인지 털은 새까맣고 지저분하게 엉켜 있었다.

보람이가 복실이의 등을 쓰다듬었다.

복실이는 따뜻한 보람이의 손길을 느꼈는지 아까보다 더 크게 '킁킁' 거리며 신음 소리를 내었다.

'어디가 아픈 거야?'

보람이는 복실이가 안쓰러웠다.

마치 복실이가 서울로 올라와서 처음 사귄 친구같다는 느낌이 들었다.

보람이는 복실이를 가슴에 안고 머리를 쓰다듬어 주었다. 복실이의 팔짝팔짝 뛰는 심장소리가 가쁘게 들려왔다.

보람이는 보고만 있어서는 안되겠다 싶어서 복실이를 땅에 내려놓고 가게로 뛰어들어갔다.

"아주머니!"

가겟집 아주머니는 방에서 누군가와 수다스럽게 이야기를 주고 받는지 요란스럽게 깔깔대며 웃는 목소리가 들렸다. 그 웃음소리 때문에 보람이의 목소리가 잘 들리지 않는 것 같았다. 보람이는 다시 한 번 크게 아주머니를 불렀다.

"아주머니, 아주머니!"

미닫이 문을 열고 아주머니가 나왔다.

"아까 온 꼬마구나. 또 뭘 사려고?"

아주머니는 보람이의 얼굴을 물끄러미 쳐다보았다.

"살려고 온 게 아니구요. 가게 앞에 있는 강아지가 아주머니네 강아지예요?"

보람이가 다급하게 묻자 아주머니는 의아스럽다는 표정을 짓고 말했다.

"그래 우리 집 강아지란다."

아주머니는 의아해 하는 표정으로 말했다.

"강아지가 몹시 아픈가봐요!"

"그런 것 같기는 해. 요즈음 통 밥을 먹지 않거든."

보람이가 걱정스럽게 말했는데도 아주머니는 별일 아닌 일처럼 무뚝뚝하게 대답했다.

"병원에 데려가야 할 것 같애요."

복실이의 심장 뛰는 소리가 빠르고 숨소리가 거칠게 들렸다고 아주머니에게 재차 말해도 아주머니는 놀라는 기색이 아니었다.

오히려 보람이에게 화를 냈다.

"집에나 빨리 가라 꼬마야. 사람도 제대로 가지 못하는데 무슨 개를 병원에 데리고 가니?"

보람이는 벌컥 화를 내는 아주머니의 모습이 겁나고 무서웠다. 그래도 복실이를 그냥 두고 가지는 못할 것 같았다.

보람이는 용기를 내어 다시 한 번 아주머니에게 말을 했다.

"그럼 저 강아지 그냥 놔 두실거예요?"

"그럼 어떡하니? 괜찮아. 며칠 있으면 낫겠지 뭐."

아주머니는 한결 부드러운 목소리로 대답했다.

보람이는 순간 번뜩 떠오르는 생각이 있었다. 복실이를 집으로 데리고 가서 치료를 해주면 좋을 것 같았다. 그러나 그 말이 입 밖으로 나오지 않았다.

"애야, 늦었으니 어서 돌아가거라."

아주머니는 우물쭈물 서 있는 보람이를 보고 돌아가라고 재촉했다.

보람이는 모기만한 작은 소리로 아주머니에게 물어보았다.

"아주머니, 강아지를 제가 데려가면 안 될까요."

아주머니는 토끼처럼 놀란 눈을 뜨고 보람이를 쳐다 보았다.

"애, 왜 다 죽어가는 강아지를 데려갈려고 하니?"

보람이는 아주머니의 물음에 막상 대답할 말이 생각나지

않았다.

"그냥요. 전 강아지를 좋아하거든요."

아주머니는 보람이를 한참 바라보았다. 그리고 넌즈시 물어보았다.

"너 이 동네 아이 아니지? 서울 말씨는 아닌데?"

보람이는 아주머니의 말투가 전보다 훨씬 부드러워져서 마음을 편안하게 먹고 씩씩하게 대답했다.

"네 저는 경상도에서 이사 왔어요. 그곳엔 바다도 있어요."

바다가 있었다는 것이 큰 자랑거리라도 되는 것처럼 보람이는 괜히 마음이 뿌듯했다. 그래서 자기도 모르게 바다 이

야기를 하기 시작했다.

"토요일은요. 선생님이 저희들을 데리고 바다에 나갔어요. 선생님이 바닷속에 있는 물고기들에 대해 많은 이야기를 해 주셨어요. 아주머니, 물고기가 잠을 잘까요?"

똘망똘망한 눈을 뜨고 신이 나서 이야기하는 보람이가 처음에는 귀찮은 꼬마라고 생각했던 아주머니는 순박한 보람이의 말과 표정에 어느 새 마음이 풀어지고 있었다.

보람이가 대뜸 물고기가 잠을 자냐고 묻자 아주머니는 빙그레 웃으며 고개를 갸우뚱했다.

"글쎄, 물고기가 잠 잔다는 말은 들어보지 못했는데?"

아주머니는 정말 궁금한 얼굴이었다.

보람이는 아주머니의 잘 모르겠다는 말을 기다렸다는 듯이 또박또박 말을 했다.

"물고기들은 잠을 자요. 그러나 물고기는 눈꺼풀이 없어서 잠을 자도 눈을 뜨고 있는 것처럼 보이는 거예요."

"아아, 그렇구나!"

아주머니는 정말 몰랐던 사실을 안 것처럼 짧게 탄성을 질렀다.

보람이는 아주머니가 재미있어 하는 표정을 짓자 이야기를 계속했다.

"그리고 물고기는요. 적을 만났을 때 제각기 몸을 피하는 지혜가 있거든요. 복어는 몸을 풍선처럼 크게 부풀려서 적에게 겁을 줘요. 쑤기미라는 물고기는 등지느러미에 독가시가 나 있어서 안전하게 바다를 다니지요. 그런데 적투어라는 물고기는 복어나 쑤기미와는 달리 너무 겁이 많아서 자기집인 조그만 굴 밖으로는 나올려고 하지도 않아요."

보람이가 이야기를 끝내자마자 물건을 살려는 아저씨 한 분이 들어오셨다.

"저어기 사과는 얼마씩 합니까?"

아저씨는 식품점 밖에 있는 과일 상자를 손으로 가리켰다.

"다섯 개에 천원씩 하는데요."

아주머니는 대답을 해주고 가게 앞으로 나갔다.

"삼천 원어치 싸 주세요."

아주머니는 비닐봉지에다 아저씨에게 사과를 담아 주었다.

이윽고 아주머니는 다시 가게 안으로 들어와서 보람이에게 강아지를 주겠다고 말했다.

"원래는 주인이 없는 강아지였단다. 가게 앞에 먹을 것을 찾느라고 왔다갔다 해서 우리 밥먹을 때마다 남은 찌꺼기를 주었던 거야. 그런데 얘야, 너의 어머니가 저 강아지 데려온 것을 좋아하지 않을 텐데?"

보람이는 아주머니가 복실이를 준다는 말에 기뻐서 환하게 웃었다.

“잘 말씀 드리면 괜찮을 거예요.”

“그래, 개 끈 같은 건 묶어 두지 않았으니까 조심해서 안고 가거라.”

“네에.”

보람이는 가게 밖으로 나가서 복실이를 안고 아주머니를 향해 다시 인사했다.

“안녕히 계세요. 고맙습니다.”

“강아지가 건강해졌으면 좋겠구나. 그리고 이야기 즐거웠다. 네 말을 들으니까 그런 바닷가에 한 번 가고 싶어지는구나. 여기는 매일 자동차 소음과 시꺼먼 매연 연기에 질식할 것 같은데 말이야. 허기사 이제는 아예 포기하고 살지만서두.”

보람이는 다시 한번 아주머니를 향해 꾸벅 인사했다.

자연을 이용한 경제발전

(네델란드 쾨켄호프 축제의 모든것)

쾨켄호프
[Keukenhof]
자위트홀란트주의 자치체인 리세 지방에 있으며, 암스테르담에서 남서쪽으로 35km 떨어져 있다. 리세는 하를럼과 레이덴 사이에 있는 꽃지대 중심지에 있으며, 힐레홈과 함께 구근(球根) 재배지역의 상업중심지를 이룬다. 1950년부터 매년 3월 말에서 5월 중순까지 세계에서 가장 큰 규모의 구근화훼류 꽃축제인 튤립 축제가 열린다.

축제가 열리는 쾨켄호프공원은 16세기에 백작부인 자코바 반 바이에렌(Jacoba Van Beieren)이 소유하였던 쾨켄호프성(城) 일대로서, 귀족들의 연회를 위한 야채와 허브를 재배하거나 사냥을 위한 장소로 이용되었기 때문에 '부엌(keuken)을 공급하는 정원(hof)' 이라는 뜻의 이름이 붙었다.

튤립 기간(tulip time) 이라는 이름의 축제는 이곳을 방문하는 세계 여러 나라 사람들에게 새로운 봄의 시작을 체험하게 하므로 '유럽의 봄(spring of Europe)' 이라고도 한다.

축제 기간 동안에는 네덜란드를 대표하는 화훼산업을 한눈에 볼 수 있는데, 세계 각지에서 많은 관광객들이 찾아오고, 전세계 상인들이 열띤 흥정을 벌인다. 전시가 끝난 후에는 다음 해 봄을 준비하기 위해 모든 구근을 파내어 보관하고, 새로운 전시 디자인을 위한 조경작업을 진행하며, 다음 해 9월 말경 첫서리가 내리는 시기에 600만 개의 구근을 다시 심는다.

플라워 쇼와 가든 디자인:
최근 우리나라에서도 축제의 형식으로 지방자치단체마다 '플라워 쇼' 혹은 '꽃 박람회'라는 이름의 행사가 많이 생겨나고 있다. 이런 축제들이 정원 문화 발전에 있어 긍정적 관심과 효과를 가져올 것이라는 기대를 하지만 현실은 아직도 많은 노력이 필요해 보인다.

세계적인 가든 페스티벌로 정착할 수 있도록 만들려면, 우리도 이제는 얼마나 많은 관람객을 끌어들였느냐를 따지며 양적인 발전과 성과를 우선하기보다 진정한 정원 문화를 만들어낼 수 있는, 질적으로 발전된 플라워 쇼와 가든 페스티벌의 정착이 꼭 필요하지 않을까 싶다.

집으로 데려간 복실이

보람이는 강아지를 안고 집으로 향했다.

강아지를 들고 가면 엄마가 혼내지는 않을까 걱정이 되지 않는 것은 아니었다.

그러나 죽어가는 강아지를 그냥 둘 수는 없었다.

'그래 시골에 있었을 때도 누렁이를 키웠는데.'

누렁이는 시골에서 키웠던 개 이름이었다. 복실이보다는 훨씬 크고 털도 거의 없었다. 삐죽 말랐지만 순하고 보람이의 말귀를 알아듣는지 보람이가 하라는 대로 잘 따랐다. 보람이가 학교에서 돌아오면 꼬리를 흔들고 반갑다는 듯 서서 몸을 흔들고 짖어대었다.

누렁이뿐만 아니라 왕눈이라고 부른 황소, 어디서나 '매앰매앰' 거리는 늙은 염소도 있었다.

보람이는 아파트 입구에 들어섰다. 처음에는 똑같은 집 모양이라 잘못 집을 찾아간 경우도 있었다. 그때마다 아파트 경비원 아저씨가 아파트 동과 호수를 쉽게 찾아내는 방법을 일러 주었다.

한 달 정도 다녀서 이제는 아파트가 눈에 익었지만 시골의 넓은 집과 비교하면 갑갑했다.

보람이는 아파트 계단으로 올라가서 벨을 눌렀다.
엄마가 문을 열어 주었다.
보람이는 엄마가 복실이 때문에 놀랄까봐 얼른 복실이를 등 뒤에 숨겼다.
그러나 보람이보다 훨씬 키 큰 엄마가 보람이 등 뒤에 있는 복실이를 보지 못할 리가 없었다.
"웬 강아지니? 보람아."
보람이는 어쩔 수 없이 등 뒤에 있는 강아지를 내려놓았다.
"95번 종점 근처에 있는 식품점 아주머니가 키워보라고 주신 거예요."
"그래? 하지만 보람아, 아파트에선 강아지를 키울 수 없단다."
"네에?"
보람이가 강아지를 키울 수 없다는 엄마의 말이 믿어지지가 않았다.
"왜요?"
엄마는 부엌으로 들어가면서 말을 하셨다.
"개는 집안에서만 키울 수 있는 동물이 아니잖니? 아파트에는 여러 가구가 모여 공동생활을 하는 곳이란다. 그래서 다른 사람에게 피해를 주면 안되는 거야. 강아지가 아파트를

돌아다니는 것이 다른 사람에게 피해를 주게 되는 것이란다."

보람이는 엄마의 말이 무슨 말인지 잘 이해되지 않았다. 강아지가 사람들에게 무슨 피해를 준다는 것인지 모를 일이었다. 그러나 엄마의 강경한 어조로 봐서는 강아지를 키운다는 건 불가능하게 느껴졌다.

그렇지만 복실이를 동물 병원에 데리고 가서 아픈 곳을 낫게 해 주고 싶었다.

보람이는 부엌에서 도마질을 하고 있는 엄마에게 조심스럽게 다시 말을 건네었다.

"엄마, 사실은요. 강아지가 아무것도 못 먹고 끙끙 앓아서 데리고 왔어요. 그냥 두면 죽을 것 같아서요."

엄마는 아무런 대꾸를 하지 않으셨다.

보람이는 엄마가 어떤 말을 할지 가슴이 조였다.

'갖다 버리라고 하면 어떡하지?'

보람이는 그 자리에 서 있었다.

이윽고 엄마는 입을 떼었다.

"씻고 저녁 먹어야지. 아버지가 집에 들어오시면 의논해 보자꾸나."

보람이는 조금 안심이 되었다. 아버지는 시장 근처에서 쌀가게를 하시는데 저녁 시간이면 들어오셨다.

보람이는 가방과 강아지를 마루에다 놓고 목욕탕으로 들어갔다. 부엌에서 엄마의 음성이 들렸다.

"보람아, 책가방 방에 갖다 놓고 강아지도 목욕시켜라."

보람이는 손을 씻다 말고 얼른 마루로 뛰어나가 가방을 책상 위에 올려놓고 복실이를 안고 목욕탕으로 들어갔다.

보람이는 어느 새 초조했던 마음이 풀렸다.

엄마가 강아지를 들고 왔을 때보다 한결 마음이 누그러지신 것 같았다.

보람이는 따뜻한 물에 복실이를 담그고 살살 비누칠을 했다.

복실이는 따뜻한 물에 있는 것이 기분 좋은 모양이었다. 식품점 가게에 웅크려 있을 때보다 훨씬 신음 소리가 작아졌다. 눈에서는 생기가 돌았다.

보람이는 복실이를 데려온 것이 잘한 일이라고 생각했다.

보람이는 복실이를 다 씻기고 자기 방으로 데리고 갔다.

씻어 놓으니까 털이 깨끗해 훨씬 귀여웠다.

보람이는 얇은 빗으로 복실이의 등을 빗겨 주었다. 털에 윤기가 나고 복실이라는 이름에 어울릴 만큼 털이 복실거렸다.

'딩동딩동'

벨소리가 들렸다.

보람이는 잽싸게 현관으로 뛰어나갔다.

아버지가 과일 꾸러미를 들고 들어오셨다.

"다녀오셨어요~."

보람이와 초등학교 삼학년인 새롬이가 방에서 나와 아버지에게 인사를 했다.

아버지는 벙긋 웃으며 새롬이를 팔로 들어서 안았다.

“우리 공주님. 잘 있었어. 공부도 잘했니?”

아버지가 턱으로 새롬이의 얼굴을 부비자 새롬이가 아버지의 팔에서 내려오려고 했다.

“아빠 수염이 아퍼. 까칠까칠하다구요.”

새롬이는 앙증맞은 목소리로 아버지에게 말했다.

“그래, 수염을 깎아야겠구나. 우리 공주님이 깎으라면 깎아야지.”

아버지는 새롬이의 볼을 살짝 꼬집고 보람이를 향해 말을 했다.

"그래, 보람이는 오늘 새로운 학교에 간 소감이 어떠냐?"

보람이는 어떻게 말을 해야 할지 몰랐다.

공장에서 나오는 소음과 더러운 물, 학교 주변에 아무렇게나 널려져 있는 쓰레기들의 모습이 보람이의 머릿속에 스쳐 지나갔다. 게다가 학교에 처음 간 날부터 심통이라는 아이와 싸움을 하기로 약속했다는 것을 부모님이 아신다면 분명히 단단히 꾸중하실 것이다.

"예에, 좋아요."

보람이는 꾸물거리다가 선뜻 내키지 않는 목소리로 대답했다.

"그래 보람이 열심히 공부해야 한다. 선생님 말씀도 잘 듣고."

아버지는 보람이의 머리를 쓰다듬고 과일 꾸러미를 엄마에게 넘겨 주었다.

아버지는 목욕탕에 들어가 씻고 나와서 식탁에 앉으셨다.

"보람아, 오늘 신문 좀 가져오렴."

보람이는 복실이에 대해 어떻게 아버지에게 말을 할지 궁리하다가 아버지의 목소리를 듣고 자기 방에서 나왔다.

보람이는 신문지를 찾아 들고 식탁으로 갔다.

보람이는 신문을 보시는 아버지의 옆자리에 그대로 앉아 있었다.

'지금 복실이 얘기를 할까? 아니면 저녁 먹은 후에 말을 할까?'

아버지는 보람이가 방으로 들어가지 않고 계속 옆에 앉아 있자 보람이가 할 말이 있음을 눈치챘다.

"보람아, 무슨 걱정이 있니?"

아버지는 보람이에게 물어 보았다.

"저어, 사실은요."

보람이가 복실이를 데려온 이야기를 하려고 할 때 엄마가 안방에서 나오시면서 아버지에게 말했다.

"여보, 보람이가요. 밖에서 강아지를 데리고 왔어요."

"뭐, 강아지?"

아버지는 보고 있던 신문지를 덮고 약간 놀란 표정을 지으셨다.

"어떻게 된거니? 보람아! 강아지를 어디서 갖고 온거야~."

보람이는 아버지에게 95번 종점 옆에 있는 식품점 가게 아주머니가 주었다고 말했다.

"강아지가 몹시 아픈 것 같았어요. 원래 주인 없는 강아지였대요. 밥도 먹지 않고 끙끙 앓는 소리만 내고요. 그냥 두면

죽을 것 같았어요. 아버지, 우리 시골에서도 누렁이를 키웠잖아요."

잠자코 보람이의 이야기를 듣고 있던 아버지는 잠시 동안 말을 하지 않으셨다.

보람이는 아버지가 가축병원에 데리고 가지 않는다고 하면 자기의 저금통을 털어서라도 병원에 데리고 가리라는 결심을 굳게 했다.

아버지는 무언가 생각하시는 것 같더니 보람이에게 강아지를 가져와 보라고 했다.

보람이는 아버지가 강아지를 키워도 된다는 것으로 허락한 줄 알고 그 자리에서 펄쩍 뛰며 좋아했다.

"아버지, 고맙습니다."

보람이는 방으로 가서 복실이를 안고 다시 식탁으로 돌아왔다.

새롬이도 부엌으로 들어와 복실이를 보고 좋아했다.

"야, 너무 이쁘다. 어머 눈 한쪽에만 안경테처럼 검은 줄이

둘러져 있네."

새롬이는 복실이를 껴안고 즐거워했다. 복실이는 몸집이 작아서 새롬이의 품안에 폭 안겼다.

"그런데 오빠, 강아지 어디가 아픈가 봐. 몸도 뜨겁고 끙끙 앓는 소리를 내."

복실이는 눈을 감고 꼬리도 축 늘어뜨리고 새롬이의 가슴에 애처롭게 안겨 있었다.

아버지는 복실이를 보고 한참 생각하시더니 보람이에게 천천히 말을 했다.

"보람아, 강아지가 아무리 불쌍해도 강아지를 아파트에서 키울 수는 없다. 그러나 아픈 동물을 길거리에 그대로 내버려 둘 수는 없지."

보람이는 아버지가 복실이를 키울 수 없다는 말씀에 갑자기 눈물이 날려고 했다.

아버지가 아파트에서 키울 수 없다고 하면 별 도리 없이 아버지의 말씀을 따라서 해야 한다는 것을 보람이는 알고 있었다.

"보람아, 이렇게 하는 것이 어떻겠니?"

아버지는 손으로 턱을 만지면서 보람이에게 나직이 말했다.

"우선 내일 이 강아지를 가축병원으로 데리고 가서 치료한 다음에 강아지를 어디서 키울 것인가 생각해 보자."

보람이는 아버지의 말이 너무나 고마웠다. 아버지는 시골에서도 소, 개, 염소, 돼지 등이 사는 우리 안을 아침마다 깨끗이 청소해 주시고 동물들이 먹을 음식도 정성껏 마련하기도 했지만 길에 버려진 복실이를 가축병원에 데리고 가겠다는 말을 먼저 하실 줄을 몰랐던 것이다.

물론 한편으로는 복실이를 키울 수 없다는 아버지의 말이 서운했지만 일단은 복실이가 병원에 가서 치료를 받을 수 있다는 것에 만족할 수밖에 없었다.

새롬이는 복실이를 내려놓지 않고 복실이의 머리를 쓰다듬었다.

"엄마, 우리 먹다 남은 음식 없어요? 강아지에게 먹을 것을 좀 줘야 겠어요."

엄마도 그렇게 하자면서 냉장고에서 계란을 꺼내 밥과 비볐다.

"새롬아, 강아지를 내려놓아라."

엄마는 복실이가 먹을 밥그릇을 새롬이에게 건네주었다.

새롬이는 복실이를 내려놓고 그 옆에 주저앉았다.

복실이는 조금씩 밥을 먹었지만 힘이 없어 보였다.

가축병원에서

다음 날 보람이는 학교 수업을 마치자마자 집으로 뛰어갔다.

심통이는 여전히 보람이를 촌뜨기라고 놀렸다.

짝꿍인 혜빈이는 보람이에게 심통이를 상대하지 말라고 했다.

전부터 심통이는 힘이 약한 아이들을 못살게 군다고 했다.

여자 아이들이 고무줄 놀이를 하면 칼을 가지고 다니면서 고무줄을 끊어 놓고 도망쳤다. 복도를 지나가는 여자 아이의 치마를 걷어올리고 히히덕거리기도 한다고 했다.

선생님이 야단쳐도 그 때 뿐이라는 것이다.

뿐만 아니라 점심시간에 아이들 도시락 반찬을 뺏어 먹는데는 선수라고 했다. 그것도 꼭 자기보다 힘이 약한 아이들

을 골라서 빼앗아 먹는다고 했다.

심퉁이의 말을 듣지 않는 아이들은 수업이 끝나고 집으로 돌아갈 때 길모퉁이에서 기다렸다가 책가방을 뺏어 다른 집 담벼락에 던져 놓고 도망가거나 때리고 나서 선생님에게 이르면 더 맞을 줄 알라면서 협박도 한다는 것이었다.

보람이는 혜빈의 말을 듣고 정말 심퉁이가 못된 아이라는 것을 느꼈다.

오늘도 보람이가 교실로 들어오자마자 반 아이들이 들으라는 듯이 큰 소리로 보람이에게 말했다.

“야, 촌뜨기 토요일날 잊지 마라. 식물원 뒤뜰! 나오지 않는다면 이제부터 겁쟁이라고 부를 거야.”

심퉁이와 같이 다니는 패거리들이 낄낄대고 웃어댔다.

보람이는 아무말도 하지 않았다. 솔직히 심퉁이와 싸우고 싶은 생각은 별로 없었다. 그러나 심퉁이가 계속 자신을 못살게 군다면 가만히 있을 수가 없을 것 같았다.

보람이는 태권도 일단이었다. 심퉁이 만큼 덩치가 크지는 않았지만 심퉁이를 상대하지 못할 만큼 약하지도 않았다. 오히려 심퉁이가 가만히 있는 호랑이의 코털을 건드린 셈이었다.

보람이는 토요일날 약속 장소로 나가서 단단히 혼내 주기로 결심을 했다.

오늘은 어쨌든 빨리 집으로 가야 했다.

복실이를 데리고 아버지의 가게로 가서 시장 근처에 있는 가축병원에 같이 가기로 했던 것이다.

보람이는 집으로 향해 뛰면서 하늘을 쳐다보았다.

여전히 하늘은 뿌옇다.

공장 굴뚝에서는 검은 연기가 솟아올랐는데 엄마한테 들은 이야기로는 이 동네에는 연탄공장도 있다고 들었다.

엄마는 서울로 이사 온 며칠 후부터 아파트 베란다 밖에다 빨래를 널어 놓지 못하겠다고 속상해 하셨다.

연탄가루가 날아와 힘들여서 깨끗이 빨아 놓은 빨래를 거뭇거뭇하게 더럽혀 놓는 것이었다. 빨래뿐만 아니라 창문도 열어 놓지 못하겠다고 하셨다. 집안을 쓸고 닦아도 공장에서 날아온 먼지와 연탄 분진 때문에 계속 먼지가 쌓인다고 했다.

"이 동네 사람들은 어떻게 살았는지?"

엄마는 청소할 때마다 입버릇처럼 중얼거렸다.

엄마는 이사를 잘못 온 것 같다고 하면서 몇몇 아파트 아주머니들의 얌체 같은 행동이 얄밉다고 투덜거리기도 했다.

아파트 입구에 분리수거 쓰레기통이 있는데도 재활용품에 들어가야 할 것들, 예를 들면 신문, 깡통, 병, 알루미늄 등이 젖은 쓰레기인 음식 찌꺼기와 야채 찌꺼기에 섞여 분리수거하는데 아무런 도움도 되지 못한다는 것이었다.

"조금만 신경쓰면 될 텐데. 쓰레기 분리수거 통에 종류대로 버리라는 글씨를 보고도 아무 통에나 휙휙 던져 버리는 사람들을 보면 괜히 화가 난단다."

엄마는 서울 사람들이 자기만 안다는 말이 실감난다고 하셨다.

엄마의 성격으로 봐서 아파트 주민의 얌체 같은 행동을 가만히 두고 볼 리가 없었다.

보람이는 공장 굴뚝에서 나오는 연기를 보다가 문득 감나무골이라고 불렀던 시골 동네의 하늘이 떠올랐다.

손으로 쥐면 푸른 물이 뚝뚝 떨어질 것 같은 하늘로 끝없이 날아가는 새 떼들이 눈앞에 가물거렸다.

그 새들이 날아가는 모습을 보면서 보람이는 가슴이 두근거리기도 했다.

'어디로 날아가는 것일까? 새들은 세상 구경을 다하는 것일까?'

보람이는 동화책에 나오는 이상하고 신기한 나라를 새들은 하늘 위에서 다 볼 것 같아서 새들이 부럽기만 했었다.

한때는 새들처럼 구름을 타고 하늘 속으로 들어가 보는 것이 꿈이기도 했다.

보람이가 읽은 '재키와 콩나무' 라는 책 속에서 재키가 밤사이에 자란 콩나무 줄기를 타고 하늘 속으로 올라간 부분을 가장 재미있게 읽었던 것이다.

'아, 빨리 가야지. 복실이를 빨리 병원에 데려다 주어야지.'

보람이는 아까보다 더 빨리 집으로 달려갔다.

보람이와 새롬이는 학교 반대편에 있는 시장골목으로 들어갔다.

감나무골 십일 장터의 모습하고는 무척 달랐다.

우선은 이 곳 시장은 사람들이 훨씬 많았고 상가들도 즐비하게 서 있었다.

한쪽에 떡볶이, 순대, 잡채, 떡을 파는 곳이 몰려 있었다.

"보람이 오빠~ 떡볶이 먹고 싶다."

새롬이는 먹음직스럽게 보이는 떡볶이를 보며 말했다.

보람이도 먹고 싶었지만 우선은 아빠의 가게부터 가야 할 것 같았다.

"새롬아, 복실이 병원부터 데리고 간 다음에 먹으러 가자."

보람이는 새롬이를 달래었다.

새롬이도 약간 아쉬움이 남았지만 오빠 말을 따르기로 했다.

새롬이는 복실이와 하룻밤 밖에는 같이 있지 않았지만 복실이가 무척이나 불쌍해 보이고 어느 새 정이 들었던 것이다. 오늘 아침에는 복실이의 밥을 새롬이가 먼저 챙겨주고 복실이가 먹는 모습을 지켜보았다.

보람이는 새롬이가 자기의 말을 잘 듣는 것 같아서 기분이 좋았다.

종종 새롬이가 대들 때면 '오빠한테 까분다' 고 소리는 크게 쳤지만 오히려 새롬이는 '오빠면 다야!' 하면서 더 꼬집고 대들었는데 오늘 따라 자기가 하자는 대로 따라 주었다.

양복점 모퉁이를 지나면 아버지의 쌀 가게였다.

아빠는 쌀가마니를 가게 안으로 들여놓고 있었다.

"아빠!"

보람이와 새롬이는 아버지를 보고 크게 불렀다.

"오냐. 지금 오는 거야. 학교는 잘 갔다 왔니?"

아빠는 빙그레 웃으며 잠깐만 기다리라고 했다.

아빠는 가게 안에 딸린 방으로 들어가서 웃옷을 입고 나오셨다.

"가게 잘 보고 있게."

쌀 가게에서 일하고 있는 청년에게 한 마디를 하고 가게에서 나오셨다.

"자 애들아 가자."

아빠는 보람이와 새롬이의 손을 잡고 가축병원이 있는 사거리 쪽으로 향했다.

"새롬이 선생님은 여자 선생님이라고 했던가."

아빠는 빙그레 웃으며 새롬이에게 말했다.

"네. 결혼을 하셨다는데요. 이쁜 아가가 지금 두 살이래요. 피아노를 얼마나 잘 치신다구요."

새롬이는 신이 나서 말했다.

아빠는 이번에 보람이에게 물어보았다.

"보람이 선생님은 어떤 분이시니?"

보람이는 아빠의 말을 듣고 잠깐 선생님의 모습을 그려 보았다.

별명은 하마였다. 체육대학에서 유도를 했다고 들었다. 몸집이 우람하고 목소리도 커서 한 번 소리 칠 때마다 복도 끝까지 다 울릴 정도였다.

보람이는 선생님이 좋았다. 전학 온 첫날 선생님이 손으로 머리를 쓰다듬어 주었는데 그 때 선생님의 손이 무척 크고 따뜻하다고 느꼈기 때문이다.

"우리 선생님은요. 유도를 하셨대요. 그래서 몸집이 다른 남자 선생님 두 배나 돼요. 그래서 별명이 하마예요."

보람이의 말을 듣고 새롬이와 아빠는 크게 웃었다.

사거리를 조금 지나자 '00가축병원'이라고 붙은 병원 팻말이 보였다.

병원은 크지 않았지만 깨끗하고 아담했다.

수의사 아저씨는 배가 조금 불룩하게 나오고 검은 뿔테 안경을 쓰고 있었다.

"어디 보자~"

수의사 선생님은 보람이를 향해 친절하게 물어보았다.

아빠 뒤에 있던 보람이는 가슴에 안고 있던 복실이를 수의사 아저씨에게 보여 주었다.

"여기, 복실이라고 해요."

"오, 강아지구나. 아주 귀여운 걸."

수의사 아저씨는 강아지를 보고 살살 쓰다듬었다.

"언제부터 아팠지?"

수의사 선생님이 대뜸 물어보자 보람이는 대답할 수가 없었다.

이 때 아빠가 보람이 대신 수의사 선생님에게 강아지를 데리고 오게 된 경위에 대해 설명해 주었다.

"오, 착한 아이구나~ 병들어 있는 동물을 병원까지 데리고 오는 일은 흔치 않은 일인데, 그것도 집에서 키우던 강아지도 아니고 길거리에 있던 강아지를 데려오다니."

수의사 선생님은 놀라면서 보람이가 기특하다고 거듭 말했다.

보람이는 수의사 선생님이 칭찬해주어서 마음이 뿌듯했다.

"그럼 어디가 아픈지 볼까?"

수의사 선생님은 복실이를 안고 진료실이라고 팻말이 붙어 있는 곳으로 들어갔다.

아빠와 보람이와 새롬이는 대기실 의자에 앉아서 기다렸다.

병원 대기실 벽에는 여러 가지 동물의 사진들이 붙어 있었다.

강아지, 고양이, 소, 말 등이 붙어 있었는데 동물들만이 살고 있는 세계에 들어온 것 같았다.

보람이는 동물이 아프다는 것을 처음에는 이상하게 생각했었다.

그래서 동물병원이라는 말도 어색했는데 막상 복실이가 끙끙거리며 아픈 소리를 내는 것을 보고 들었을 때는 '사람만 아픈 것이 아니구나' 라고 깨달았다.

단지 동물들은 사람처럼 아프다고 소리를 내지 못할 뿐이었다.

십여 분이 지나자 수의사 아저씨는 복실이를 데리고 나왔다.

수의사 아저씨의 얼굴 표정이 심각하게 굳어 있었다. 보람이는 큰병인 것 같아 걱정스러웠다.

수의사 선생님은 천천히 말을 했다.

"강아지 이름이 복실이라고 했니?"

"네에."

보람이와 새롬이는 동시에 대답했다.

새롬이도 수의사 선생님의 굳어 있는 표정이 심상치 않음을 느꼈는지 밝던 표정이 금세 사라졌다.

수의사 선생님은 말을 잇지 못하고 서 있었다.

이윽고 복실이를 보면서 말을 하기 시작했다.

"저, 혹시 강아지를 발견한 곳이 어디니?"

"그건 왜요."

보람이는 복실이가 아픈 것과 발견한 곳이 무슨 상관이 있는지 의아스러웠다.

그러나 수의사 선생님이 물어보는데 대답하지 않을 수는 없었다.

"이사 온 00동이오. 버스 종점 있는 식품점 가게 앞에서 처음 보았는데요."

수의사 아저씨는 그래도 뭔가 의구심이 풀리지 않았는지 이번에는 보람이 아빠에게 다시 물어보았다.

"그 주변 동네에는 어떤 지역입니까? 예를 들어 공장 지역이라든가 더러운 폐수가 흐르는 곳이라던가?"

아빠는 나직이 말했다.

"네. 공장이 들어선 곳이에요. 여러 가지 업종의 공장이 모여 있지요. 연탄공장도 있다고 들었습니다. 물론 동네하고는 조금 떨어져 있지만요."

수의사 아저씨는 비로소 궁금증이 풀리는 표정을 지었지만 굳어진 표정은 가시지 않았다.

"의사 선생님, 복실이가 많이 아픈가요?"

보람이 옆에 있던 새롬이가 걱정스럽게 물었다.

수의사 아저씨는 복실이를 보람이에게 건네 주면서 말을 했다.

"복실이는 많이 아프단다. 복실이는 공장지역 근처의 하수구에서 오랫동안 더러운 물을 마시고 연탄공장에서 나오는 분진가루와 매연을 복실이가 새끼였을 때부터 마셔서 호흡기관과, 숨을 들이쉬고 마시는 폐가 몹시 좋지 않단다. 보살펴 주는 사람이 없어서 더 나빠진 것 같다."

보람이는 수의사 선생님의 말을 듣고 복실이의 호흡기관과 폐가 나쁘다는 말에 놀랐다. 단순히 음식을 제대로 못 먹어서 너무 약해져 있다거나 열이 많이 나는 감기에 걸린 정도라고 생각했던 것이다.

그런데 더러운 물을 먹고 아프다는 것이 보람이에게는 쉽게 이해되지 않았다.

"의사 선생님. 더러운 물을 먹고 아플 수가 있나요?"

보람이는 물끄러미 의사 선생님을 바라보며 물어보았다.

의사 선생님은 진료실로 다시 들어가시더니 책을 들고 나오셨다.

그 책은 환경오염, 대기오염, 공해 때문에 기형적으로 태어난 동물들에 관한 내용을 담고 있었다.

수의사 선생님은 그 책장을 넘기면서 설명해 주셨다.

"너희도 인간의 생명터전인 지구가 문명의 발달로 인해 급속히 황폐화되고 산업공해와 공업 폐수, 그리고 생활 하수구로 심하게 오염된다는 이야기를 학교 선생님이나 텔레비전을 통해 많이 들었을 줄 안다. 일반적으로 여러 가지 동물이나 생물체가 분비하는 배설물은 우리 환경에 그다지 해롭지 않다. 동물의 배설물은 우리 눈에는 보이지 않는 작은 세균들이 분해하거나 제거하기 때문이다. 그런데 사람들의 급속한 문명 발달 과정에서 나오는 물질은 오래도록 썩지 않거나 각종 오염물질을 만들어 내어 인간과 동물체에게 치명적인 타격을 주고 있는 것이다."

보람이는 텔레비전을 통해 환경오염이 심각하다는 말을 들었지만 이렇게 자기 자신의 주변에서 가깝게 일어날 수 있으리라고는 꿈에도 상상하지 못하였다.

그 책에는 기형적인 모습으로 태어나 금방 죽은 동물들과, 한쪽 다리가 없는 오리 등의 사진이 있었다.

동물들도 몸에 털이 거의 없거나 거무죽죽한 색깔로 변해 있었다.

"아이, 무서워. 징그러워, 아빠."

새롬이는 책을 보다가 두 눈을 가리며 칭얼대었다.

"그럼 복실이는 앞으로 어떻게 되는 건가요?"

보람이 아빠는 새롬이를 다독거리면서 의사 선생님에게 조심스럽게 물었다.

수의사 선생님은 책을 덮고 말씀하셨다.

"복실이 같은 경우에는 중금속에 오염된 경웁니다. 중금속이라는 것을 알기 쉽게 말한다면 땅 속에 있는 납, 온도계의 재료로 쓰는 수은 등을 말합니다. 그것들은 공장의 폐수나 차량의 배기가스에서도 나옵니다. 이것들이 동물이나 사람의 몸에 오래 쌓이다 보면 산소를 운반하는 헤모글로빈이라는 것이 만들어지지 않아 빈혈이 생기기도 하고 심할 경우 신장과 뇌 기능에 치명적인 손상을 입기도 합니다. 복실이는 그런 중금속에 중독된 경우지요."

수의사 선생님의 얼굴 표정은 무척 어두웠다.

옆에 있던 새롬이는 조금씩 훌쩍거렸다.

"의사 선생님 복실이는 죽게 되는 거예요?"

새롬이가 눈물을 손으로 닦으며 말했다.

의사 선생님은 새롬이의 손을 잡아주면서 부드럽게 말했다.

"일단은 예쁜 복실이를 살려보도록 우리 다같이 노력하자, 우선 약을 지어 줄 테니 우리 새롬이가 잊지 않고 먹여 주도록 해라."

"그래 새롬아, 여기서 울면 안 되지~."

아빠가 새롬이의 등을 다독거렸다.

의사 선생님은 간호사 언니에게 무엇인가를 써 주었다. 간호사 언니는 그것을 보고 약을 지어 주고 약봉지를 보람이에게 전해 주었다.

"하루에 아침 저녁으로 두 번 먹여라. 잊지 말아야 한다. 일주일 분이니까 일주일 후에 다시 복실이를 데리고 오너라."

약봉지를 받아 쥔 보람이에게 간호원 언니는 자세히 말해 주었다.

"의사 선생님, 언제쯤이면 복실이가 나을 수 있을까요?"

보람이는 복실이의 눈망울을 보면서 의사 선생님의 얼굴을 다시 쳐다보았다.

의사 선생님은 잠자코 있다가 보람이의 어깨를 잡았다.

"글쎄 언제쯤이면 나을 수 있다는 말은 못하겠구나. 복실이가 건강해질 수 있는 건 얼마나 보람이와 새롬이가 잘 보살펴 주느냐에 달려 있는 것 같다."

보람이는 의사 선생님의 말이 무엇을 의미하는지 어렴풋이 알 것 같았다.

복실이가 건강한 모습으로 살기는 힘들 것 같다는 뜻인 것 같았다.

"안녕히 계세요. 의사 선생님."

보람이와 새롬이는 의사 선생님에게 공손히 인사를 드리고 아빠와 함께 병원문을 나섰다.

하늘은 금방 비라도 내릴 것처럼 먹구름이 깔려 있었다.

아빠는 가게로 돌아가시고 보람이와 새롬이는 복실이를 안고 집으로 돌아왔다.

"오빠, 복실이가 죽을까?"

"아니야, 잘 보살피면 건강해질 거야."

보람이는 새롬이의 물음에 그렇게 대답해 주기는 했지만 의사 선생님의 굳은 표정이 떠올랐다.

그리고 더 이상 환경오염이 심해지면 사람들도 복실이처럼 오염으로 더 병들어 죽어갈지도 모른다는 의사 선생님의 말이 보람이의 가슴에 두고 두고 남았다.

보람이는 집에 들어와 복실이에게 밥을 먹이고 약을 먹인 후 자기 방에 돌아와 책상 앞에 앉았다.

복실이가 나을 때까지 집에 두기로 하고 그 후에 문제는 나중에 생각해 보자고 엄마는 말씀하셨다.

녹색 외계인 파타미

보람이는 복실이 때문에 마음이 쓸쓸했다. '끙끙' 거리는 복실이의 신음 소리가 들려왔다.

'복실이가 혹시 죽으면 어떻게 될까? 사람이 죽으면 하늘나라에 올라간다는데 동물도 죽으면 하늘나라에 갈 수 있는 걸까?'

보람이는 자꾸만 복실이가 곧 죽을 것만 같다는 생각이 들었다.

보람이는 의자에 앉아 책상 위에 있는 지구본을 늘 하던 버릇대로 돌렸다. 머릿속에는 복실이의 커다랗고 슬픈 눈망울이 내내 떠올랐다.

보람이는 지구본을 돌리는데 갑자기 전에 보았던 만화 영

화가 스쳐 지나갔다. 우주의 별나라에서 온 외계인이 어렸을 때 헤어진 엄마를 다시 만나게 해달라는 주인공의 소원을 들어주었다는 줄거리였다.

보람이는 지구본을 이리저리 돌리면서 외계인에 대한 상상에 빠져들어갔다.

'외계인은 존재하고 있는 걸까? 우주에는 많은 혹성들이 있다고 들었는데… 내가 외계인을 만날 수는 없겠지? 혹시 만날 수 있다면 복실이를 낫게 해달라고… 아니야 외계인은 없어. 아니야 있을지도 몰라.'

전에 선생님께 들었던 우주와 외계인에 관한 여러 가지 이야기가 언뜻 떠올랐다. 자신이 태어나기도 전인 1969년에 미국인들이 달에 처음 갔다고 했다. 그런데 달 표면에서 여러 가지 실험을 한 결과 공기와 물이 없으므로 생명체나 그 존재는 찾아볼 수가 없었다고 한다.

금성표면은 언제나 짙은 구름에 쌓여 있는데 금방 쇠를 녹일 정도로 높은 온도를 가지고 있어서 이곳에서도 생명체의 존재는 불가능하다고 들었다.

그런데도 여러 사람들은 우주의 어딘가의 혹성에서 외계인이 살아 있을 수 있다는 가능성을 믿고 있다고 했다.

선생님은 예를 들어서 말씀해 주었다.

1967년 영국의 버날이라는 사람은 우연히 밤하늘에 떠 있는 별을 관찰하고 있는데 아주 짧은 주기로 전파의 강도가 오는 것을 발견했다고 한다. 버날은 이런 이상한 전파를 '작은 녹색인' 이라는 외계인이 발사하는 것으로 생각했다고 한다.

'작은 녹색인!'

그 때 보람이는 왠지 그 '작은 녹색인' 이라는 말을 듣고 가슴이 설레였었다.

보람이는 지구본을 빨리 돌렸다.

'녹색 외계인' 이 지구 아닌 다른 별에 살고 있을 것만 같았다.

'외계인은 어떤 말을 쓸까?'

보람이는 그 작은 녹색인을 만나고 싶었다.

'작은 녹색인을 만나면 어떤 말을 먼저 해야할까? '안녕' 그렇게 먼저 인사하고 불쌍한 복실이를 살릴 수 있는 방법을 물어보아야지!'

보람이는 지구본을 돌리다가 책상 위에 엎드려 잠들었다.

밖에는 빗소리가 약하게 들려왔다.

복실이도 보람이의 한구석에서 웅크리고 잠들었다.

'여기가 어디지?'

보람이는 작은 우주선을 타고 구름처럼 떠 있는 혹성 사이로 지나가고 있었다.

'보람아, 네 이름이 보람이지?'

보람이는 자기의 이름을 부르는 소리가 들려서 주위를 돌아보았지만 아무도 보이지 않았다.

"누구야!"

보람이는 이곳이 어딘지 전혀 몰랐지만 무섭거나 두려운 마음은 들지 않았다.

"네 옆이야. 아래를 보라고!"

보람이는 자기 무릎 쪽의 아래를 쳐다보았다.

"아!"

보람이는 짧게 소리쳤다.

보람이의 왼쪽 무릎 옆에 1미터 정도의 키, 머리는 몸통보다 크고, 온통 살갗은 초록색이고, 이마는 쭈글쭈글한 것이 있었다.

'작은 녹색인!'

보람이가 만나고 싶었던 그 외계인이었다.

보람이는 작은 녹색인에게 가까이 다가가서 물어보았다.

"너는 누구니?"

"네가 알고 있잖아!"

작은 녹색인은 싱긋 웃으면서 자신이 누구인 줄 다 알고 있으면서 왜 물어보냐고 했다.

보람이는 당황했다.

작은 녹색인을 처음 보았지만 보람이는 오래전부터 알고 지낸 사이처럼 친밀감을 느꼈다.

또한 작은 녹색인의 말대로 그가 어느 별의 외계인이라는 느낌이 그를 보자마자 알 수 있었다.

보람이가 작은 녹색인에게 누구냐고 물어본 이유는 좀 더 확실히 알고 싶었기 때문이다.

그 때 작은 녹색인은 보람이의 마음을 읽었는지 물갈퀴 같은 발바닥으로 작은 우주선을 돌아다녔다.

그리고 우주선 밖을 보라고 우주선 창 밖을 손으로 가리켰다.

"여기는 우주 은하계야!"

밖에는 수억 개의 작고, 크고, 울퉁불퉁한 혹성들 하나 하나마다 제각기 다른 색깔의 빛을 내고 있었다.

그 혹성들은 제자리에서 돌거나, 어떤 혹성을 다른 혹성과 부딪쳐 산산히 부서지는 것도 있었다.

보람이는 혹시 저 혹성 중에 하나가 우주선과 부딪치지 않을까 걱정스러웠다.

"작은 녹색인, 우리 우주선과 저기 바윗덩이처럼 보이는 혹성과 부딪치지 않을까? 이 우주선이 곧장 저기로 가는 것 같애."

작은 녹색인은 깔깔대고 웃었다.

"역시 지구인은 단순해."

보람이는 조금 화가 났다. 기껏 걱정돼서 물어보는데 지구인이 단순하다니!

작은 녹색인은 보람이의 약간 굳어진 표정을 보더니 재미있다는 듯이 더 깔깔대고 웃었다.

"보람아, 이 우주선은 자동적으로 우주의 행로를 따라가고 있어. 부딪칠 염려는 하지 말라구!"

보람이는 고개를 끄덕였다.

그리고 보니 보람이는 자신이 우주선에 왜 타고 있는지, 여기가 어딘지 궁금했다.

"작은 녹색인, 내가 이 우주선에 왜 타고 있는거지, 그리고 너는 누구고, 우리는 지금 어디로 가고 있는 거야?"

작은 녹색인은 우주선 오른쪽에 있는 조그만 의자에 앉아

서 어느 새 무엇인가를 오물오물 씹고 있었다. 그리고 보람이에게도 빨간 알사탕 같은 것을 주면서 말했다.

"지구인들은 단순하면서도 성급한 것 같아. 보람아, 한 가지씩 물어볼래. 난 그렇게 여러 가지를 한꺼번에 대답할 수는 없어. 우리 두뇌 구조는 한 가지만을 듣고 그것에 대해 분석해서 대답할 수 있게끔 되어 있거든, 그리고 이것은 블루칩이야. 지구인들은 사탕이라고도 부르지. 맛이 있을지 없을지는 모르겠어. 난 지구인들의 입맛은 모르거든."

보람이는 블루칩을 한 입 씹어 먹었다.

작은 녹색인은 맛있을지 모르지만 보람이는 전혀 아무 맛도 느끼지 못했다.

차라리 쓰거나 짜기라도 하면 이 블루칩의 맛이라는 것이 어떤 것인지를 알겠는데 그저 맛이 밍밍하기만 했다. 보람이는 녹색인의 말대로 한 가지씩 물어보기로 했다.

"좋아, 한 가지씩 물어볼게. 내가 이곳에 어떻게 왔지?"

작은 녹색인은 블루칩을 다 먹었는지 작은 식탁 위에 있는 음료를 한 모금 먹고 보람이를 보았다.

"지구인은 단순하면서도 성급하고 지구인의 표현을 빌자면 예의도 없어!"

'으음?'

보람이는 작은 녹색인의 말에 어이가 없었다. 물어보는 것에 대답해 주지는 않고 뚱딴지같이 예의가 없다는 것은 무슨 말인지 도무지 알 수가 없었다.

작은 녹색인은 눈동자조차 푸른 빛깔을 띠었는데 말할 때마다 그 눈동자는 더욱 커지고 그 빛도 훨씬 강렬했다. 작은 녹색인은 왔다갔다 하는 걸음을 멈추고 말했다.

"보람아, 기분 나빠 할 것은 없어, 단지 나는 나를 소개하고 싶었는데 네가 그럴 기회를 주지 않아서 그렇게 말해 본 것 뿐이야."

'아, 그렇구나! 이 작은 녹색인에 대해서 아는 것이 아무것도 없었구나!'

보람이는 그제서야 자신이 너무 성급하게 굴었던 것을 깨달았다.

"좋아, 작은 녹색인, 너는 누구니? 그리고 어디에서……아, 한 가지씩 물어보라고 했지? 내가 또 깜빡했다."

보람이가 머리를 긁적이면서 말하자 작은 녹색인은 보람이의 모습이 귀여웠는지 웃기 시작했는데 입이 너무 커서 잇몸이 다 보였다.

"보람아, 내 이름은 작은 녹색인이 아니라 지구와 54광년 떨어진 곳에 있는 오리온 혹성에서 온 파타미라고 해."

보람이는 아까보다 더욱 호기심이 생겨났다.

"파타미! 그거 이름 한번 독특하다. 그런데 파타미, 어떻게 해서 내가 이곳에 오게 된 거지?"

파타미는 눈동자를 더욱 크게 떴다.

주위는 삽시간에 푸른색 빛으로 물들더니 띠모양으로 서서히 보람이 주위를 돌기 시작했다.

보람이는 눈을 감았다.

마음 깊은 곳에서 눈을 감으라는 파타미의 음성이 울렸던 것이다.

파타미의 음성은 조금 전의 개구쟁이 같은 목소리와는 달리 나직하고 굵었다.

"보람아, 네가 여기에 온 것은 바로 네 자신이 나를 만나기를 스스로 원했기 때문이야!"

보람이는 눈을 감은 채 파타미에게 다시 물었다. 입을 열어서 목소리는 내지 않았지만 마음속으로 말해도 파타미는 다 알아듣고 있음을 느낄 수 있었다.

'그래 내가 원했어, 그런데 정말 너를 만나게 될 줄은 몰랐어.'

파타미는 싱긋 웃으며 말했다.

"그래, 네가 무엇을 나에게 말하고 싶어 하는 줄 다 알고 있어. 복실이라는 지구 동물에 관한거지. 내 대답을 얻기 전에 나를 따라와 봐. 나도 너에게 부탁할 것이 있으니까"

보람이는 깜짝 놀랐다.

어떻게 자신의 생각들까지 하나도 틀리지 않고 파타미가 말 할 수 있었는지 상상이 되질 않았다.

"어떻게 네가 그것까지 알 수 있었지?"

보람이는 눈을 감고 있어서 파타미의 모습이 보이지는 않았지만 파타미가 빙그레 미소를 띠고 있는 것이 느껴졌다.

"보람아, 텔레파시라는 말을 들어본 적이 있었겠지?"

나는 우주를 여행하다가 지구라는 별 위를 지나가게 되었어. 더 정확히 말하자면 네가 살고 있는 나라의 하늘 위를 날고 있었단 말이야. 그러다가 우연히 네가 우주와 외계인에 대한 강한 호기심이 있다는 것이 나의 텔레파시를 통해 느껴진 거야. 물론 이런 일이 종종 있기는 하지만 나도 지구인에게 할 말이 있어서 너를 4차원의 세계로 끌어 올린 거야."

보람이는 파타미가 하는 말이 무슨 말인지 알 것 같기도 했지만 4차원이라는 말이 생소하기만 했다.

"4차원이라는 것이 무슨 뜻이니? 파타미."

"이렇게 말하면 네가 이해하기가 쉽겠구나. 3차원이란 너희 지구인들이 사는 세계를 말해. 4차원의 세계는 3차원의 공간과 시간을 초월한 것을 말하지. 어렵게 생각할 것 없어. 다시 말하면 4차원의 세계는 머릿속으로 생각만 하면 어디든지 갈 수 있다는 거야. 보람이가 마음속으로 '바다에 가고 싶다' 라는 생각만 하면 금방 바닷가에 갈 수 있다는 거지. 네가 눈을 감고 있어도 내 모습이 뚜렷이 보이고 네가 우리 혹성의 말을 몰라도 너와 나는 이렇게 대화할 수 있는 것을 보면 쉽게 이해할 수 있을거야."

보람이는 파타미의 말이 신기했다.

다른 말은 쉽게 이해가 안 갔다. 그러나 생각만 하면 어디든지 갈 수 있다는 파타미의 말은 상상만 해도 신나는 일일 것 같았다.

"그런데 파타미, 우린 지금 어디를 가고 있는 거지?"

파타미는 보람이에게 눈을 뜨라고 텔레파시를 보냈다.

우주선 밖에는 무지개 색깔처럼 여러 가지 빛들이 한데 어우러져 물이 소용돌이치는 것처럼 세차게 돌고 있었다.

보람이는 어지러워서 다시 눈을 감았다.

파타미는 눈을 데굴데굴 굴리며 다시 장난끼어린 목소리로 보람이를 불렀다.

"보람아, 우리는 미래로 가고 있는 거야."

보람이는 파타미의 말이 아리송했다.

"지금 미래로 가고 있다니!"

파타미는 보람이가 지금 어떤 생각을 하고 있는 줄 다 알고 있다는 듯이 말했다.

"내가 방금 설명했잖아. 건망증이 심한 지구인아, 이곳은 4차원이라고. 4차원에서는 현재에서 과거나 미래 어디로든 갈 수 있는 거야."

보람이는 비로소 희미하게나마 4차원이라는 뜻을 조금 이해할 수 있었다.

우주선은 거대한 빛의 소용돌이 속으로 휘말려들어 갔다.

사실 우주선은 돌지 않고 그대로 직진했지만 우주선 밖의 여러 가지 색깔들이 거세게 돌고 있어서 보람이는 우주선이 돌고 있다고 착각했던 것이다.

"어지러워, 파타미!"

"보람아, 너는 아직 이 세계에 익숙하지 않아서 그래."

보람이는 잠시 말을 끊었다.

머리 속에는 엄마, 아빠, 새롬이 그리고 죽어가고 있는 힘이 없는 복실이의 눈망울이 생각났다.

보람이는 한 가지 잊고 있었던 것이 떠올랐다.

"파타미! 복실이가 아프다는 것을 알고 있다고 했지. 너는 복실이를 낫게 할 수 있니?"

파타미는 고개를 숙이고 나직이 말했다.

"일단 나를 따라와. 그러나 분명한 것은 지구에 있는 동물들은 지구인들이 치료하고 보호해야 할 책임이 있다는 거야."

보람이는 파타미의 말이 옳다고 느꼈지만 복실이를 살릴 수 있는 방법을 찾지 못해서 무척 서운했다. 그리고 파타미가 자신을 '미래'로 데려가서 무엇을 보여 주고 싶다는 건지 궁금증이 더해갔다.

자연을 이용한 경제발전

(뉴욕의 허파 센트럴 파크)

뉴욕 센트럴파크

미국 뉴욕시의 맨해튼에 있는 도시공원.

남북 길이 4.1㎞, 동서 길이 0.83㎞의 직사각형으로 면적은 3.41㎢ 이다. 뉴욕의 상징이자 세계에서 손꼽히는 도시공원이다. 1800년대 중반에 맨해튼의 도시화가 본격적으로 진행되면서 프랑스 파리의 불로뉴 숲(Bois de Boulogne)이나 영국 런던의 하이드파크(Hyde Park)처럼 시민들을 위한 열린 공간의 필요성이 제기됨에 따라 550만 달러를 투입하여 1853년 공원 부지를 확보하였다. 857년 현재보다 약간 작은 규모인 약 3.145㎢의 면적으로 개장하고 공원의 경관 설계를 공모하였으며,

1858년 조경가 프레더릭 로 옴스테드(Frederick Law Olmsted)와 건축가 캘버트 복스(Calvert Vaux)가 공동 제안한 그린스워드 플랜(Greensward Plan)을 당선작으로 선정하였다. 이후 설계안에 따라 경관을 조성하고 확장하여 1876년 현재의 공원 형태를 갖추었다.

뉴욕 트럴파크는 세계적 관광 명소이기도 하여 연간 약 4000만 명이 방문하는 것으로 추산된다. 연중 무휴로 개방하되, 매일 오전 1시에서 6시까지 5시간은 출입을 금지한다. 비영리단체인 센트럴파크관리위원회 (Central Park Conservancy)에서 관할한다.

뉴욕의 센트럴파크는 약 1천 개의 일자리를 창출하고 8천만 달러의 직접적인 경제적 이익에 기여한다. 뿐만 아니라 주변 부동산의 가치가 170억 달러 올라 6억6천5백만 달러의 세수를 확보한다. 또한 생태계 서비스의 금전적 가치는 맨해튼의 공기를 정화하고 빗물를 관리하는 장점도 있다.

센트럴파크
요약미국 뉴욕주(州) 뉴욕시의 맨해튼에 있는 도시공원.50만 그루 이상의 나무가 심어져 있어 '뉴욕의 허파'라고도 불린다.

지구의 미래 여행

보람이는 눈을 뜨고 우주선 창 밖을 바라보았다. 어느 새 색깔의 소용돌이를 지나 끝없이 광활한 암흑의 세계에 와 있었다.

아까처럼 움푹 패이거나 울퉁불퉁한 혹성도 보이지 않았다.

암흑으로 뒤덮힌 고요한 바다였다.

파타미도 우주선 끝에 있는 침대에 벌렁 누워 아무말도 하지 않았다.

"파타미, 왜 미래로 가는 거지? 그 미래라는 곳이 어디야."

파타미는 아무런 대꾸도 하지 않았다.

그 때 우주선이 흔들리기 시작했다.

몹시 심하게 흔들리는데도 파타미는 예상하고 있었던 것처럼 어떤 동요도 하지 않았다.

보람이는 우주선이 흔들리자 뒤로 자빠졌다.

파타미는 보람이의 모습에 웃음을 터트렸다.

"파타미! 이 우주선이 왜이래, 날 집으로 돌려보내 줘."

파타미는 아무런 말도 하지 않고 커다란 초록빛 눈동자를 굴리며 우주선 창 밖 아래를 보라고 손가락으로 가리켰다.

어느 새 암흑의 바다는 사라지고 간간히 혹성들이 다시 나타났다.

파타미는 그 혹성 중에 어느 하나를 가리키고 있었다.

"뭘 보라는 거야!"

보람이는 파타미가 가리킨 방향을 뚫어지게 바라보았다.

어디서 많이 본 듯한 혹성이었지만 얼른 생각이 나지 않았다.

그 때 파타미는 심각한 표정으로 비로소 말을 했다.

"우리 우주선이 흔들린 것은 저 혹성 주위에 깔려 있는 저것 때문이야."

보람이는 그 혹성 주위를 살펴보았다.

그것은 띠모양으로 혹성을 둘러싸고 있는 구름 같았는데 전체가 거뭇거뭇했다.

보람이는 저것 때문에 이 우주선이 심하게 흔들렸다는 것이 의아스러웠다.

"저게 뭐지? 저 구름 때문에 우주선이 흔들렸다구?"

파타미는 의자에서 일어나 우주선 창 가까이 갔다.

"저것은 구름이 아니라 우주의 환경조차 깨뜨리는… 지구인들이 쓰는 말로 하자면 지구인들의 생명인 공기를 더럽히는 매연 같은 것이라고 할까?"

파타미는 표정이 더욱 굳어지고 반짝이던 초록 눈동자는 점점 빛이 흐려졌다.

작은 녹색 외계인의 표정은 슬퍼 보였다.

파타미는 천천히 말을 이어갔다.

"사실은 너를 이곳으로 오게 한 이유는 저 혹성을 보여주고 싶었기 때문이야. 저 혹성에 가면 네가 궁금했던 점이 풀릴거야."

우주선은 움푹 패이고 검은 회색빛을 띤 혹성을 향해 갔다.

과학책에서 본 아름다운 지구의 모습과는 너무 달랐다. 그 혹성은 아무도 살고 있지 않을 것 같은 죽음의 혹성 같았다.

그 혹성에 우주선이 가까이 갈수록 음산하고 썰렁한 찬바람이 느껴졌다.

"왜 이 혹성을 가야 하는 거지."

보람이는 파타미의 얼굴을 쳐다보았다.

파타미는 눈을 감고 작은 목소리로 노래를 부르고 있었다. 혼자말로 중얼거리는 것 같기도 하고 리듬은 똑같이 계속 반복되는 것 같더니 중간중간 높은 음으로 올라갔다. 알아들을 수는 없었지만 감미롭고, 슬픈 곡조의 노래였다.

이윽고 우주선은 그 혹성에 도착했다.

파타미는 보람이에게 우주선에서 내리자고 했다.

파타미와 보람이는 우주선에 내려서 그 혹성에 첫발을 내딛었다.

보람이가 우주선 안에서 볼 때보다 혹성은 더욱 음산하고 황폐해 보였다.

아무도 눈에 띄지 않았고 검은 땅에는 먼지만 풀풀 일어났다.

보람이는 소름이 끼쳤다. 어디에선가 썩어 가는 냄새가 풍기기도 했다. 그 냄새는 너무 고약해서 보람이가 숨을 쉬기도 곤란했다.

"파타미, 이 냄새는 어디서 나는 거지?"

파타미는 대답은 하지 않고 앞으로 걸어갔다.

보람이는 파타미의 뒤를 쫓아가다가 코를 쥐었다. 그 썩어가는 냄새가 더욱 심하게 났기 때문이다.

파타미 앞쪽에는 거대한 쓰레기더미가 있었다. 쓰레기더미라기보다 거대한 쓰레기 산이었다.

'아!'

보람이는 차마 눈을 뜨고 볼 수가 없었다.

그 쓰레기 산에는 흉칙한 벌레들이 득실거리고 있었다. 좀 더 두고 보니까 그것은 처음 보는 이상한 동물들이 아니었다. 지구에서 많이 보았던 동물들이었다.

'앗'

보람이는 짧게 비명을 질렀다.

복실이가 아파서 병원에 갔을 때 수의사 선생님이 보여주었던 책에서 봤던 동물들이었다.

눈알이 없는 오리, 지느러미가 등에 달라붙은 물고기, 머리가 없는 거북이 하나같이 기형적인 동물이었다.

그것들의 색깔은 거의가 검은 회색이었는데 눈빛은 사납게 번뜩였다. 금방이라도 보람이의 팔, 다리를 물어뜯을 것 같았다.

보람이는 겁이 나서 그 자리에서 도망 가고 싶었지만 어디

로 가야 할지 몰랐다.

"파타미! 저것들이 뭐야, 벌레같기도 하고 괴물같기도 하고."

파타미는 그 자리에서 걸음을 옮기면서 천천히 말을 했다.

"이 혹성에서 마지막으로 살아 있는 생물들이야. 이 혹성은 원래 이 광대한 우주의 혹성 중에서 가장 아름답고 생물들이 살기에 가장 풍요로운 곳이었지. 다른 혹성인들은 이곳을 지나치다가 그 아름다움에 빠져 정신없이 바라보기도 했지. 큰 산과 깊은 계곡이 어우러지고 푸른 물의 바다가 넘실거렸어. 하늘 위나 바다 아래 온갖 생물들이 무리를 짓고 살았지."

파타미는 마치 한 편의 시를 낭독하는 것 같았다.

"그런데 파타미, 그 아름다운 곳이 왜 이렇게 썩은 냄새가 나고 아무도 살지 않은 곳이 돼 버리고 만거지?"

파타미는 보람이의 말에 씁쓸하게 웃었다.

"보람아, 자, 따라와 봐. 보여 줄 것이 있어."

파타미는 보람이의 손을 잡았다.

파타미의 손은 시골에서 개구리를 잡을 때처럼 물컹하게 느껴졌다. 그러나 보람이는 파타미의 손이 싫거나 두려운 기분은 사라졌다.

파타미는 쓰레기 산을 지나서 한참을 걸어갔다.

그곳 뿐만 아니라 쓰레기산은 곳곳에 있었다. 어떤 쓰레기가 쌓여 있는지 잘 구별되지도 않았지만 형체가 크고, 작은 덩어리들이 뭉쳐 있었다.

이윽고 파타미는 문득 걸음을 멈추었다.

바윗덩이와 돌들이 쌓여 있었는데 스산한 바람이 그 위를 스쳐갔다.

"보람아, 저 돌들을 자세히 봐."

파타미는 보람이에게 눈짓으로 넙적한 돌을 가리켰다.

보람이는 그 돌을 자세히 살펴보았지만 그저 딱딱한 돌이었다. 그런데도 파타미가 아무 말도 하지 않자 보람이는 자세히 한 번 더 살펴보았다.

그 돌에는 그림 같은 것이 새겨져 있었다.

'아 악!'

보람이는 하마터면 그 자리에서 주저앉을 뻔했다.

돌에 새겨져 있는 것은 그림이 아니었다. 자연 시간에서 본 동물의 화석처럼 사람의 모습이 그곳에 있었다.

'사람의 화석이라니!'

그것은 자연 시간에 보았던 원시인의 화석이 아니었다. 보람이와 똑같은 현재 사람들의 화석이었다.

돌들마다 사람들의 모습이 희미하게 찍혀져 있었다.

"저게 뭐야?"

보람이가 외치는 순간 우주선 안에서 파타미의 말이 떠올라 자신의 머리 속을 스치고 지나갔다.

'파타미가 미래로 간다고 했지. 혹시 이 혹성이 지구의 미래?'

보람이는 갑자기 눈앞이 아득해졌다. 믿을 수가 없었다.

'설마, 그럴 리가. 지구가 이런 죽음의 땅으로 변한다니?'

보람이의 표정을 보고 있던 파타미는 보람이가 무슨 생각을 하고 있는지 알았다.

"보람아, 이곳이 미래의 지구란다. 그 아름다운 땅, 모든 생물들이 풍요롭게 살던 곳이었지."

보람이는 파타미의 말이 믿겨지지 않았다.

복실이가 생각났다.

'더러운 물을 먹고 죽어가는 복실이. 그렇지만 이렇게까지 된다니?'

파타미는 암흑으로 뒤덮인 우주의 한 곳을 멍하니 쳐다보았다.

"보람아, 나는 우주의 끝에 있는 오리온 성의 왕자였어. 지구보다야 못했지만 그래도 오리온 성은 사람들이 살기에는 좋은 곳이었단다. 우리 오리온 혹성은 지구보다 문명이 훨씬 발달해 있었어. 모든 것이 완벽한 컴퓨터에 의해서 모든 생활이 이루어졌지. 그러다가 우리 환경이 우리가 만들어 낸

물질들에 의해서 오염되어갔어. 오리온 사람들은 설마설마 어떻게 되겠지 하는 환경오염에 대한 무관심 속에 안락한 생활만을 즐겼단다. 처음에는 식물들이 죽어 가고 차츰 동물들이 병들어 갔어. 결국 나중에는 숨쉬지도 못할 만큼 공기가 탁해지고 물은 먹을 수 없을 만큼 더러워졌지. 과학자들은 그때서야 깨끗한 물과 공기를 만들려고 했지만 이미 때는 늦었어. 오히려 오리온 사람들은 오리온 혹성을 구해 볼 생각을 포기하고 다른 혹성으로 떠돌았단다.

다른 별에서는 받아주지 않고 오리온 사람들을 내쫓았단다. 그래서 어쩔 수 없이 다른 별과 전쟁을 일으켰지만 패배만 거듭했어. 그렇게 오리온 혹성 사람들이 떠돈 지가 지구 시간으로 계산하면 삼백년이 훨씬 넘는단다."

파타미는 지구인처럼 눈물은 흘리지 않았지만 울고 있는 것 같았다.

파타미의 목소리는 슬픔에 젖어 있었다.

보람이도 마음이 슬퍼지고 코가 찡하니 매워왔다.

파타미는 말을 잇지 못하다가 다시금 보람이를 향해 말을 했다.

"보람아. 내가 우주를 떠돌던 중 지구의 모습을 오랜만에 다시 보았을 때 무척 안타까웠단다. 지구인들이 자신들이 사는 환경에 무관심한 탓에 그 아름답던 지구가 더러운 매연과 썩지 않은 물질들이 땅속에 버려져 서서히 병들어가고 있었어."

보람이는 파타미의 말을 듣고 지구의 오염이 얼마나 심각한가를 깨닫고 두려워졌다. 더 무서운 것은 보람이 주위에 있는 사람들 스스로가 환경에 대해 무관심하다는 것이었다.

학교 주변의 그 공장들에서 뿜어져 나오는 검은 연기, 버스 뒤에서 매일 나오는 배기 가스, 널려져 있는 쓰레기의 모습이 바로 눈앞에 보여지는 것처럼 생생히 떠올랐다.

그것을 매일 보면서도 어떻게 해야 할지 궁리해 보지도 않았었다. 어른들이 해결해야 할 문제인 것 같았기 때문이다.

단지 언제나 더러운 쓰레기를 보고 서울 사람들은 한심하다고 불평만 했었다.

파타미는 보람이에게 이제는 떠날 시간이 되었다고 했다.

파타미와 보람이는 다시 우주선 안으로 돌아갔다.

"파타미, 넌 이제 앞으로 어떻게 할거니?"

보람이는 어두운 그늘이 가시지 않은 파타미의 얼굴을 쳐다보았다.

"난 오리온 혹성 사람이야. 오랜 시간이 걸리더라도 오리온 사람들이 살 수 있는 혹성을 찾아가야지."

파타미는 굳은 결의를 보였다.

우주선은 지구로 향해 갔다.

"보람아, 지구의 환경오염을 지금 그대로 방치하면 아까 네가 본 모습대로 그렇게 멸망할 수밖에 없어. 지금의 지구는 앞으로 너와 같은 어린이들이 자라서 살 땅이야. 너와 같은 어린이들이 지구 환경에 관심을 갖고 지금부터 새롭게 지구를 가꾸어 나가야 해."

보람이는 파타미의 말에 고개를 끄덕였다.

"보람아, 눈을 감아. 이제 너의 집으로 돌아갈 시간이야."

보람이는 파타미와 헤어지기가 서운하고 아쉬웠다.

"파타미, 우리 지구에서 함께 살면 안되겠니?"

파타미는 빙그레 미소를 지으며 고개를 가로 저었다.

"보람아, 정말 네 말은 고마워, 그러나 나는 할일이 있어. 우리 오리온 사람들이 살아야 할 새 혹성을 반드시 찾아야

해. 지구에서는 이런 일이 생기지 않도록 해야 한다. 그리고 복실이를 살릴 수 있는 것은 네가 복실이를 사랑하는 마음에 달려있어. 더러운 물에 오염되어 가는 복실이와 같은 동물이 생기지 않도록 주위 환경을 깨끗이 해야 한다. 그럼 안녕."

파타미는 보람이의 손을 꼭 잡았다.

서로에게 따뜻한 온기가 느껴졌다.

보람이는 눈시울이 붉어지고 가슴까지 훈훈해졌다.

보람이는 파타미의 말에 따라 눈을 꼭 감았다.

"안녕, 작은 녹색인. 너를 잊지 못할거야."

보람이의 눈에는 어느 새 눈물이 반짝이고 있었다.

씨름 대회

"보람아, 뭐하니? 아직까지 자고 있는거니?"

엄마는 보람이 방에 들어와 보람이를 흔들었다.

"애야, 일어나라. 학교 늦겠다. 애가 오늘 따라 왜 이러니 빨리 일어나지 않고!"

보람이는 게슴츠레하게 눈을 떴다.

"파타미! 엄마, 파타미 갔어요?"

"애가 잠꼬대하나! 파타미가 뭐야? 어젯밤 책상 위에 엎드려서 자고 있는 걸 아빠가 이부자리에 뉘워주었어. 다음부터는 조심해라. 감기 들어."

엄마는 빨리 씻고 밥먹고 학교에 갈 준비를 하라고 했다.

보람이는 책상 위에 있는 지구본을 바라보았다.

파타미를 만난 것이 전혀 엉뚱한 꿈을 꾸었다는 생각은 들지 않았다.

'파타미는 지금 우주 어느 곳을 떠돌고 있을까? 외로울 텐데.'

보람이는 파타미가 광활한 우주의 어느 한복판에서 혼자 노래부르고 있을 것을 생각하니까 마음이 울적해지고 쓸쓸해졌다.

'보람아, 지구는 너희 어린이들한테 달려 있어, 우리 오리온 혹성 사람들같이 떠돌아서는 안돼!'

보람이는 파타미가 헤어질 때 했던 말을 다시금 되새겼다.

'우선 내가 할 수 있는 일부터 생각해 봐야겠어!'

어느 새 복실이가 일어나서 보람이의 목덜미를 핥았다. 약을 먹고 좀 나아졌는지 어제보다 눈동자가 맑고 생기가 있어 보였다.

"멍 멍 멍"

보람이는 싱긋 웃었다.

'복실아, 너를 사랑해. 힘을 내!'

복실이는 짖어도 힘이 없는 소리였는데 오늘은 제법 크게 짖으면서 보람이의 얼굴을 장난스럽게 물었다.

"복실아, 나 학교 가야 해. 학교 갔다 와서 놀자."

보람이는 자꾸만 기어오르는 복실이를 떼어 버리고 목욕탕에 들어갔다.

보람이는 세수를 하면서도, 식구들과 식탁에 둘러 앉아 밥을 먹으면서도, 주위 환경을 깨끗이 하기 위해 자신이 무엇부터 할 수 있을지를 궁리했다.

"보람아, 밥 안 먹고 무슨 생각을 하니? 아, 참. 그리고 오늘 우리 집에 같은 동네 사는 아주머니들이 오실 텐데. 집에 일찍 와서 엄마 심부름 좀 해라."

보람이는 이것저것 생각에 빠져 있다 보니 수저만 들고 있었던 것이다.

"아, 아무것도 아니예요. 그런데 엄마 저번에 이사올 때 동네 아주머니들을 모셨는데 또 오시기로 했어요?"

아빠도 약간 놀라 엄마 얼굴을 쳐다보았다.

"아, 이번에는 우리 아파트의 여러 가지 문제들에 대해서 의논해 볼려구. 오늘은 쓰레기 분리수거 문제에 대해서 의논하려고 해. 가만히 보고만 있으면 우리가 사는 집 둘레는 쓰레기장이나 새까만 연탄가루를 뒤집어 쓴 검은 아파트가 될 거야. 진달래 아파트인데, 검은색 진달래 봤니?"

엄마의 농담에 세 식구는 한바탕 웃음을 터트렸다.

보람이는 아침식사를 하고 새롬이와 함께 집을 나왔다.

"오빠는 아침부터 무슨 생각을 그렇게 열심히 해."

보람이는 새롬이에게 아무말도 하지 않고 고개를 숙이고 앞만 보고 걸어갔다.

"응, 나중에 얘기해 줄게. 넌 나보다 일찍 수업이 끝나니까 복실이 밥 먹이고 시간 맞추어서 약 먹이는 것 잊지 마라."

"알았어, 오빠. 걱정마."

복실이를 데리고 온 후부터 새롬이는 보람이 오빠가 예전보다 훨씬 의젓하고 믿음직스러워 보였다.

보람이와 새롬이는 교문 안에 들어섰다.

"그럼 오빠, 나 갈게. 집에서 봐."

"그래 새롬아!"

새롬이는 자기반 교실쪽으로 뛰어갔다.

보람이는 새롬이를 향해 손을 흔들고 운동장 맞은편에 있는 교실쪽으로 가볍게 뛰었다.

보람이가 생각끝에 내린 결론은 우선은 반 아이들에게 환경오염에 대한 이야기를 한 다음 우리가 실천할 수 있는 방법들을 같이 의논해 보자는 것이었다.

오늘은 마침 학급회의 시간이 있었다.

보람이가 계단을 올라가고 있는데 뒤에서 자기를 부르는 소리가 났다.

'이상하다, 나 부를만한 아이가 없는데, 심통이 목소리는 아닌데.'

보람이는 뒤돌아보았다.

보람이의 앞자리에 앉는 길수였다.

"보람아, 고마워."

보람이는 길수가 왜 고맙다고 하는지 그 이유는 알 것 같았지만 막상 그런 말을 듣고 보니 쑥스러웠다.

"길수야, 고맙긴 뭐가 고마워. 오히려 심통이가 그런 못된 심통을 부려도 잠자코 대꾸하지 않고 밥을 먹는 네 모습이

나보다 훨씬 용기 있는 것 같았어."

길수는 보람이를 향해 빙긋 미소를 지어 보였다.

보람이는 길수에게 친근감을 느꼈다.

둘은 친한 친구처럼 손을 맞잡고 교실로 들어갔다.

"어이, 잘 어울리는데. 도시락하고 촌뜨기, 언제 친해진거지?"

심퉁이는 교실 맨 끝자리에서 걸어나왔다.

보람이는 심퉁이와 싸우고 싶지 않았다. 처음에는 반 아이들이 보는 앞에서 실컷 두들겨 패 주고 싶었지만 단지 기분이 나쁘다는 이유로 심퉁이와 싸운다는게 싫어졌다.

'파타미는 자기 혹성을 구하기 위해서 예정된 날짜도 없이 떠도는데 쓸데없이 반 친구와 싸움을 하다니!'

보람이는 심퉁이와 화해하고 싶었다. 그래서 우리 학교 주변의 환경을 바꾸어 가는데 같이 힘을 합치자고 말하고 싶었다.

그런데 심퉁이는 보람이의 이런 심정도 몰라주고 계속 시비를 걸어오고 있었다.

"야, 이보람 내일이야. 토요일. 네 건방진 콧대를 꺾어 주고 말겠어."

삽시간에 아이들은 조용해졌다.

심퉁이의 말이 보통 때와는 달리 진지하고 심각했기 때문이다.

아이들은 심퉁이가 왜 유독 보람이만을 끈질기게 걸고 넘어가는지 대충 짐작은 되었다.

지금까지 보람이는 심퉁이가 뭐라고 말하던간에 거의 아무런 대꾸도 하지 않았는데 그것이 오히려 심퉁이가 무시를 당한 꼴로 만들었던 것이다.

그것을 지켜본 아이들도 예전같이 심퉁이에게 별로 겁을 먹지 않게 되었다.

이번에도 보람이가 아무런 말도 하지 않자 심퉁이는 씩씩거리면서 보람이를 향해 걸어왔다.

큰 덩치가 그대로 보람이에게 달려들 것 같았다.

보람이는 화해하자고 말하고 싶었지만 도저히 이 상황에서는 그런 말을 한다는 것은 더욱 심퉁이를 화나게 하는 말일 것 같았다. 분명히 심퉁이는 아이들 앞에서 자신을 비꼰다고 생각할 것이다.

"야. 이보람. 너 뭐가 잘나서 그렇게 건방져!"

심퉁이의 손이 금방 보람이의 어깨라도 후려칠 것 같았다.

교실은 팽팽한 긴장감으로 감돌았다.

아이들은 보람이가 어떤 행동으로 나올지 궁금했다.

보람이는 그 자리에서 일어났다.

그리고 반 아이들을 향해 말했다.

"난 심통이와 싸우고 싶지 않다. 그러나 심통이가 나와 꼭 싸움을 하고 싶다면 싸움이 아니라 다른 운동으로 대결하고 싶다."

"와아아."

보람이의 말이 끝나자 아이들은 책상을 두들겨대며 환호성을 질렀다.

심통이는 전혀 예상치 못했던 보람이의 말과 아이들의 반응에 어쩔 줄 몰랐다.

"어떤 운동경기든 좋아!"

보람이는 다시 한번 힘주어 말했다.

"야, 팔씨름 해라."

"아니야 달리기!"

"씨름 해라!"

"야, 씨름은 비슷한 덩치에 있는 사람끼리 하는 거야."

아이들은 신이 나서 여기저기서 저희들끼리 수군대며 떠들어대었다.

"어떤 것으로 할래?"

심통이는 보람이의 말을 거절할 수가 없었다.

심퉁이는 마땅한 운동 종목이 떠오르지 않았다.

"심퉁아, 씨름으로 하자!"

보람이가 씨름으로 하자는 말에 심퉁이는 당황했다.

보람이보다 덩치가 훨씬 큰 자신이 유리했기 때문이었다.

놀란 것은 심퉁이 뿐만이 아니었다.

아이들은 보람이가 씨름으로 하자는 말에 보람이에게 불리하다고 하면서 그것은 안된다는 말이 여기저기서 나왔다.

"심퉁아, 토요일날로 미루지 말고 오늘 점심시간에 하자."

심퉁이는 어떻게 말을 해야 할지 갈피를 잡지 못했다. 그러나 보람이 녀석의 건방진 태도를 꺾어 주고 싶었다. 그것이 빠르면 빠를수록 좋았다.

"좋다. 그러나 이보람 네가 선택한 것이니까 나중에 후회 없도록 해."

심퉁이가 결단을 내리자 보람이도 한마디 덧붙였다.

"걱정하지마, 그런데 나도 너에게 조건이 있어. 이번에 네가 지면 내 말도 들어 주어야 해. 내가 지면 네 말을 들어주마!"

"좋아!"

심퉁이는 해실해실 웃으며 속으로 보람이를 비꼬았다.

'네가 어떻게 나를 이겨. 더구나 씨름인데.'

심퉁이는 반 아이들에게 점심 먹고 축구 골대 뒤로 나오라고 말하고 나서 제자리로 들어갔다.

앞자리에 앉아 있던 길수는 걱정스러운 눈빛으로 보람이를 보며 말했다.

"보람아, 씨름은 안돼. 너 태권도 한다면서 왜 태권도로 하자고 그러지 않았니?"

보람이는 싱긋 웃어 보였다.

사실 보람이도 속으로는 겁이 나지 않은 것은 아니었다. 그러나 정정당당하게 싸우고 싶었다. 태권도는 자칫하면 치고 박고 때리는 싸움으로 발전하기 쉬울 것 같아 씨름으로 정했던 것이다.

태권도를 초등학교 일학년 때부터 했기 때문에 나름대로 체력에는 자신이 있었다.

보람이는 심통이와 씨름 약속 때문에 오전 수업내내 선생님의 말씀이 귀에 들어오지 않았다.

이윽고 점심시간이 되었다.

교실의 분위기도 보통때와는 달리 긴장감으로 조여들어 차츰 열기가 솟아오르고 있었다.

"자, 이제는 운동장으로 나가자."

교실 중간쯤에 앉아 있는 어떤 아이가 먼저 소리를 치자 아이들은 그 말을 기다렸다는 듯 우르르 교실 밖으로 뛰어 나갔다.

보람이와 심통이도 교실 밖으로 천천히 걸어 나갔다.

운동장에는 저학년 고학년 할 것 없이 나와 놀고 있었다.

남자 아이들은 축구를 하거나 농구를 하고 있었다.

여자 아이들은 술래잡기, 고무줄놀이, 땅따먹기를 하고 있었다.

햇살은 그 아이들의 얼굴 위로 따뜻하게 내리쬐고 있었다.

보람이는 그 아이들의 힘차게 뛰어가는 발걸음이 하늘보다 더 높이 뛰어오를 것만 같았다.

"뭐 해, 이보람!"

운동장 축구 골대 뒤에서 반 아이들이 보람이를 향해 빨리 내려오라고 소리쳤다.

보람이는 내려간다는 손짓을 하고 축구 골대 뒤로 갔다. 반 아이들은 빙 둘러 앉아 있었다.

어떤 아이가 체육 선생님의 허락을 받고 가져왔다며 흰색과 파란색의 샅바를 가지고 왔다.

그리고 심통이와 보람이에게 샅바를 묶어주었다.

보람이의 머리는 심통이의 어깨 정도에 와 닿았다.

반장이 나와서 보람이와 심통이가 서로를 인사를 하도록 시켰다.

"세 판으로 하겠습니다. 먼저 두 판을 이기는 사람이 승자가 되는 것입니다."

반장은 심판을 맡았다. 짐짓 체육 선생님이라도 된 것처럼 목소리를 흉내내었다.

두 사람이 서로 샅바 끈을 잘 잡도록 도와 주고 나서 씨름을 시작하라는 호루라기를 세게 불었다.

덩치가 큰 심통이가 보람이를 번쩍 안아 넘길려고 시도했지만 매일 태권도로 체력을 다진 보람이가 만만하게 넘어 가지 않았다.

오히려 큰 덩치로 덤비기만 하는 심통이가 힘을 한쪽으로 잘 못 써서 넘어지고 말았다.

"와하하."

아이들은 그 자리에서 데굴데굴 구르며 웃었다. 심통이가 코를 박고 앞으로 넘어졌기 때문이다.

심퉁이는 창피해서 얼굴이 벌개졌다. 앞으로 학교에 다니지도 못할 것 같았다. 심퉁이라면 학교에서 모르는 아이가 없는데 새로 전학 온 자기보다 작은 아이에게 씨름에서 졌다면 저학년 아이들도 자신을 비웃을지 모를 일이다.

심퉁이는 갑자기 처음부터 겁이 났다. 자신의 실수로 한 판을 빼앗긴 것이 아니었기 때문이다. 보람이는 처음부터 계획을 하고 자신의 힘을 한 곳으로 쏠리게 한 것이다.

그렇다면 보람이에게 내리 세 판을 질 수도 있을 것이다.

두 번째 판이 시작되었다.

첫 판과는 다르게 보람이는 심퉁이를 강하게 견제하지 않았다. 두 번째 판은 심퉁이의 승리로 돌아갔다.

아이들은 보람이가 진 것을 아쉬워했다. 언제부터인가 '보람이 이겨라!' 하고 아이들이 함성을 질렀다.

'그러면 그렇지. 괜히 겁먹었네.'

심퉁이는 속으로 다시 자신감을 얻고 보람이를 속으로 비웃었다.

세 번째 판이 시작되었다.

이번에는 보람이와 심퉁이가 아까와는 달리 꽤 시간을 들였다. 두 마리의 황소가 뿔을 맞부딪치고 있는 모습처럼 어깨를 서로 붙잡고 있었다.

보람이, 심퉁이 모두 이마와 등에 땀을 흘리고 있었다. 보람이가 이기는 듯 싶더니 결국 심퉁이의 승리로 돌아갔다.

심통이와 같이 다니는 몇몇의 아이들만이 우우 소리치며 좋아했다.

다른 아이들은 아쉬운 표정을 감추지 못하고 교실로 들어갔다.

길수는 쓰러져 있는 보람이를 일으켜 세웠다.

"왜, 심통이한테 져 준거니?"

보람이는 빙긋 웃으며 이마 위에 있는 땀을 팔소매로 훔쳐 내었다.

"져 준게 아니야. 그러나 이제부터 심통이는 아이들을 괴롭히거나 말썽을 피우지 못할거야."

길수는 보람이가 무슨 말을 하는지 알 것 같았다. 확실히 보람이는 심통이에게 아이들이 대부분이 눈치채지 못하도록 져 준 것이다. 그것은 심통이가 더 잘 알고 있을 것이다. 그러니까 앞으로 보람이에게는 함부로 하지 못할 것이다.

교실로 들어온 심통이는 점점 시간이 지날수록 마음이 우울해졌다.

아이들은 잘 모르는 것 같았지만 보람이가 일부러 져 주었다는 사실을 깨달았다.

심통이는 보람이의 얼굴을 바로 보지 못했다. 괜히 죄 지은 사람 같았다.

이윽고 오후 수업이 끝나고 마지막 학급회의 시간이 돌아왔다.

반장은 교단으로 나가 칠판에 '학급회의' 라고 분필로 크게 썼다.

"예. 학급회의를 시작하겠습니다. 의견이 있는 분들은 손을 들고 크게 말씀해 주십시오."

키가 커서 꺽다리라고 불리는 정기태가 손을 들었다.

"예, 아시는 분들은 다 알고 있겠지만 어제 오후 우리 반은 8반과의 농구게임에서 9점이라는 점수 차이로 참패하고 말았습니다. 동네 게임이 아니고 학급 대항 공식 농구 게임에서 이런 참패를 한다는 것은 우리 반의 부끄러움이 아닐 수 없습니다. 우리는 그냥 가만히 앉아 있을 수 없습니다."

기태는 마치 무슨 연설문이라도 낭독하고 있는 것 같았다.

그 때 혜빈이가 손을 들고 반장을 불렀다.

"네, 말씀해 보십시오."

혜빈이는 또랑또랑한 목소리로 말했다.

"기태가 너무 흥분을 해서 무엇을 의견으로 내놓았는지 제대로 말하지 못하는데, 그럼 기태는 우리 반 농구가 그렇게 참패한 이유가 무엇이라고 생각하십니까?"

기태는 반장의 허락도 없이 그 자리에서 일어났다.

"음. 정말 좋은 질문을 해 주셨습니다. 그것은 여러 가지 이유가 있습니다. 무엇보다도 우리 반이 단결하지 못한다는 점입니다. 특히 여자, 남자 편이 심하게 나눠져 있어서 농구를 하는 데도 여자들은 몇몇만이 참여해서 응원을 했습니다. 8반은 전체가 다 남아서 열심히 응원을 하고 있는 모습을 본 분들은 8반의 사기가 얼마나 높아져 있는가를 느꼈을 것입니다."

보람이는 조용히 듣고 있었다.

혹시라도 다른 아이가 열악한 학교 환경에 대해서 말하기를 은근히 기대했다.

그러나 아이들은 점점 여자, 남자로 편을 가르고, 학급회의를 하고 있는 것이 아니라 말싸움으로 시간을 끌어가고 있었다.

우리들의 녹색 친구

(외계인은 과연 존재할까요?)

외계인(UFO)

우리에게 UFO(unidentified flying object)로 알려져 있는 미확인 비행물체는 사람들의 호기심 대상일 뿐 아니라 인류의 잠재적인 위협으로도 여겨지고 있다. 그런 까닭에 미국 CIA는 UFO가 발견된 초창기부터 이에 대한 자료를 극비리에 보관해 오고 있는 것으로 알려져 있다.

20세기에 들어서는 1947년 7월 미국의 뉴멕시코 주 로즈웰이란 마을에 UFO가 추락, 그로부터 우주인의 시신이 발견되었고, 이 시신을 해부하는 사진이 1955년 8월 28일 전 세계 22개국의 텔레비전를 통해 방영되어 큰 반향을 불러일으켰다.

그레이(Greys)는 미확인 비행물체의 총칭이다. 그 실재를 믿는 사람은 적지 않지만, 확실한 증거는 없고, 회의적 입장에서는, 외계인이라는 것에 대해 사람들이 공유하고 있는 이미지에 지나지 않는다고 생각되고 있다.

천문학자들이 우리 은하계 내에 사람이 살 수 있는 지구형 행성이 있는지 시험 삼아 계산해 보았는데 1개에서 1천만 개로 다양하게 계산되었다고 한다. 은하계는 수십 억 개의 별이 모여 있으므로 우주를 구성하는 은하단, 초은하단에는 생명체가 존재하지 않을까 하는 고민이 계속되었다. 어쩌면 그럴지도 모른다.

우리가 먼저 실천하자

보람이는 손을 들었다.

"제가 95번 종점을 지나다가 강아지 한 마리를 주웠습니다…"

반 아이들은 보람이의 말이 끝나자마자 까르르 웃기 시작했다.

학급회의 시간에 강아지 이야기를 한다는 것이 의아스럽고 우스웠던 것이다.

보람이는 조금 당황했지만 이야기를 계속했다.

"그 강아지는 열이 몹시 나고 끙끙 앓았습니다. 너무 가엾어서 집으로 데리고 갔습니다. 아버지는 강아지를 보더니 가축병원에 데리고 가자고 말씀하셨습니다."

아이들은 보람이가 아픈 강아지 이야기를 진지하게 하자

점점 조용해지고 자못 엄숙해지기까지 했다.

"가축병원에 그 강아지를 데리고 갔습니다. 의사 선생님은 그 강아지가 더러운 물에 오염되어서 폐와 기관지가 몹시 나쁘다고 말씀하셨습니다. 강아지가 살지 죽을지도 분명히 말씀을 못해 주셨습니다."

"어머나!"

옆에 앉은 짝꿍 혜빈이가 놀라서 소리를 질렀다.

"그래서 강아지는 어떻게 됐니?"

반장 수남이가 궁금했는지 불쑥 물었다.

학급회의

"앞으로 강아지가 어떻게 될지는 저도 잘 모릅니다. 의사 선생님이 정성껏 보살펴 주라고 말씀하셨습니다."

교실 안은 갑자기 무거운 침묵에 휩싸였다.

보람이도 잠시 말을 끊고서 다시 말했다.

"앞으로 이곳은 우리가 살아갈 땅입니다. 우리 어린이가 스스로 우리 주변을 깨끗이 하고 더 이상 공해가 심각해지지 않도록 우리가 보호해야 합니다. 여러분, 우리가 환경을 위해서 무엇을 할 수 있는지 말씀해 주시기 바랍니다."

보람이는 이렇게 끝 말을 맺고 자리에 앉았다.

아이들은 누가 먼저 치기 시작했는지 모르지만 어느 새 박수를 치기 시작했다. 박수 소리는 5학년 2반 교실 밖으로 우렁차게 퍼져나갔다.

"우유곽을 한 달에 한 번 가져오기로 해. 대부분 우리반 아이들이 집에서 우유를 다 먹고 있다고 생각해. 엄마한테 들은 말인데 우유곽을 많이 모아서 공장에 갖다주면 쓸모 있는 휴지를 만들어 준다고 들었어. 그 휴지를 우리가 다시 사용하면 어떨까?"

피부가 희고 머리가 길어서 백설공주라고 부르는 미진이가 먼저 일어서서 말하기 시작했다.

그러자 꺽다리 경수도 손을 들고 일어섰다.

"집에 가서 엄마에게 비닐봉지를 시장에서 받아오지 말자고 합시다. 시장에서 주는 비닐봉지는 땅속에서도 썩지 않는다고 합니다. 신문을 봉투로 만들어서 시장에 갈 때 사용하는 겁니다."

경수가 말하자 아이들은 눈이 휘둥그래졌다. 모두들 마음속에는 '이런 문제를 한 번쯤은 다 생각해 보고 있었구나!' 하는 놀라움이었다.

아이들은 저마다 부모님에게서 들은 이야기나 신문에서 본 환경문제를 이야기 했다.

"저, 저는 우리 학교 교장 선생님에게 드릴 말씀이 있습니다."

여자 아이들 앞이나 선생님 앞에서 수줍어하기로 소문난 샌님 해돌이가 일어나자 아이들은 일시에 해돌이를 쳐다보았다.

'재가 웬일이야! 학급회의 시간에 한 번도 일어나서 의견을 말해 본 적이 없는데…'

아이들은 해돌이 입에서 무슨 이야기가 나올지 잔뜩 기대하는 눈치였다.

선생님도 놀라셨는지 앉아 있던 의자에서 일어나셨다.

"그래, 해돌아, 교장 선생님에게 무슨 할 말이 있지? 선생

님이 대신 전해줄게."

해돌이는 약간 떠는 목소리로 말했다.

"저, 저어기요. 우리 학교 주변에 공장이 많아서 시끄러워서 공부를 못하겠어요. 여러분도 알다시피 뒤에서 공부하는 아이들은 선생님의 목소리도 잘 들리지 않잖아요. 학교 담벼락에 방음 장치를 했으면 좋겠어요."

"맞아요, 공부할 수가 없어요. 선생님, 교실에 너무 소음이 많아요."

아이들은 여지껏 그 말을 미루어 놓다가 지금 한꺼번에 쏟아놓는 것 같았다.

"자, 조용 조용"

선생님도 그것을 모를 리가 없었다. 일부러 목소리를 크게 내어서 목이 금방 쉬기도 했다.

학교에서도 여러 번 방음벽 장치라든가, 구청에다가 공장 이전 문제들을 의논해 보기도 했지만 쉽게 해결될 문제가 아니다.

"그래 해돌아, 선생님이 다시 교장 선생님에게 말씀드려 볼게!"

그리고 선생님은 교단에 서서 아이들을 향해 말했다.

"보람이의 이야기도 잘 들었다. 그리고 너희들의 이야기를 듣고 선생님은 무척 기쁘다. 아까 보람이의 말대로 이제는 너희들이 이 땅을 지키고 보호해야 한다. 오늘 나온 이 이야기들은 앞으로 잘 실천해주기 바란다."

아이들은 와 하고 소리를 지르며 박수를 쳤다.

선생님은 무언가 하실 말씀이 떠올랐는지 다시 아이들을 지그시 바라보았다.

"애들아, 환경문제가 나와서 그러는데, 세계에서 공해가 가장 심각한 나라가 어디 였는지 아니?"

아이들은 고개를 갸우뚱했다.

"여러 나라 사람들이 섞여 산다는 미국이오!"

"경제가 갑자기 많이 발전했다고 하는 일본이오."

"인도에는 사람이 많이 산대요."

아이들은 경쟁이라도 하듯이 앞다투어 말했어.

"아닌데? 아는 사람이 없나보구나, 멕시코라는 나라였다!"

"멕시코요?

배불뚝이 뚱보 인철이가 말했다.

"그래, 그래. 멕시코는 공해가 아주 심해서 비둘기조차 키우지 못했었다고 한다. 그곳에서는 비둘기가 네 시간만에 죽었었고. 멕시코시티에서 사는 사람들은 대부분 안질환이나 피부병에 걸려 있었다고 한단다."

"비둘기가 네 시간만에 죽어요?"

동물을 좋아하기로 소문난 혜빈이가 안타깝게 소리쳤다.

"그래, 멕시코는 아주 심각한 위험에 처해 있었단다. 환경문제를 연구하는 박사님들은 이렇게 말했었지. 멕시코에서 사는 사람들은 숨쉬는 것만으로도 매일매일 죽어가는 것이라고."

"으아아!"

아이들은 너무 놀라서 말도 하지 못했다.

공해문제가 심각한 줄은 매스컴을 통해 알고 있었지만 이렇게까지 위험한 줄은 정말 몰랐던 것이다.

"그런데 애들아, 예전엔 멕시코가 세계 1위로 공해가 심각했었는데, 지금은 어느 나라인 줄 아니?"

선생님은 의미심장하게 다시 물었다.

교실 안은 다시 조용해졌다.

"바로 우리의 이웃나라인 중국이란다!"

"네엣!"

아이들은 믿겨지지 않는다는 표정이었다.

"선생님 정말이에요? 그럼 서울에 사는 우리도 위험한거 아닌가요?"

반장 수남이가 눈을 동그랗게 뜨고 물었다.

"그렇지 우리 나라도 공해가 심각한데, 이웃 나라인 중국의 공해까지 우리 나라를 위협하고 있단다."

아이들의 표정이 굳어지고 우울해졌다.

4학년 2반 교실은 깊은 물속으로 빠져드는 것처럼 무거운 침묵에 감싸였다.

선생님도 교단에서 내려오셔서 왔다갔다 걸어 다녔다.

"애들아, 우리 앞으로 어떤 방법으로 실천사항을 옮길 것인가 의논해 보자!"

반장 수남이가 다시 교단에 나와 의젓하게 말했다.

"우유곽은 한 달 마다 모으기로 합시다. 매달 마지막 토요일이 어떻습니까?"

곱슬머리 민수가 말하자 미정이가 곧이어 일어났다.

"어차피 집에서 가져오는 거라면 우유곽 뿐만이 아니라 집에서 사용하지 않는 폐지도 함께 가져오면 어떨까요?"

"여러분, 어떻습니까? 미정이 말에 찬성한다면 동의하여 주십시오!"

"동의합니다."

"제청합니다!"

"네, 그럼. 그렇게 하기로 했습니다. 이 일은 미화부장인 미정이가 책임지고 추진해 나가도록 해주십시오."

"그럼 다른 의견 없습니까?"

이때 보람이가 손을 번쩍 들었다.

"네, 이보람 말씀해 주십시오."

보람이는 옷매무새를 가다듬고 천천히 말하기 시작했다.

"우리들이 신문을 만들었으면 좋겠습니다. 우리가 환경을 깨끗이 하기 위해서 실천해 나가고 있는 과정과 결과를 쓰고 그것을 학부모님과 전교생에게 나누어 주어서 더 많은 사람들이 같이 이 운동에 참여할 수 있도록 홍보를 하는 것입니다."

아이들은 다시 큰 박수를 치기 시작했다. 아이들은 우리 손으로 지금부터 깨끗한 환경을 만들어 보자는 소망이 하나로 모이는 기쁨을 맛볼 수 있었다.

우리는 모두 하나이다. 하나가 되지 않고서는 세계 제2위 공해국가라는 불명예를 벗어 던질 수 없다. 아이들은 말하지 않아도 하나같이 얼굴에 그렇게 씌여 있었다.

"그럼 모두 보람이의 의견에 동의, 제청했다고 생각합니다. 그러면 누가 만들면 좋겠습니까?"

반장이 아이들의 얼굴을 쭉 훑어보았다.

그 때 지금까지 아무 말 하지 않고 있던 심퉁이가 손을 들었다.

아이들은 심퉁이가 무슨 말을 할지 궁금하게 생각했다.

보람이에게 씨름에서 이겼다고는 하지만 아이들도 어딘지 모르게 그 씨름 경기가 찜찜하게 느껴지던 터였다.

심퉁이가 보람이에게 어떤 시비를 걸지도 모를 일이다.

심퉁이는 약간 쑥스러운 듯 고개를 숙이고 말했다. 책상 위에 주먹은 꼭 쥐고 있었다.

"저, 제 생각에는 신문을 만들자고 의견을 낸 이보람이 했으면 좋겠습니다."

아이들은 내색은 못했지만 심동이 말에 얼마나 놀랐는지 몰랐다.

'저 녀석이 갑자기 왜 저러지? 무슨 꿍꿍이속이야?'

아이들은 하나같이 심퉁이가 보람이를 추천한 이유를 몰랐다. 그러나 심퉁이의 어색한 모습을 지켜본 아이들은 차츰차츰 옅은 미소를 띄웠다. 심퉁이가 보람이에게 먼저 사과를 하는 뜻이라는 걸 깨닫게 되었던 것이다.

아이들은 조금씩 웃기 시작했다. 심통이와 보람이가 씨름 경기를 한줄을 전혀 모르는 선생님은 의아스러운 표정으로 아이들을 바라보았다. 아이들은 선생님의 미심쩍은 표정을 보자 더욱 깔깔대고 웃기 시작했다.

'큭큭큭, 짜아식!'

보람이는 빙그레 웃었다.

'고맙다. 심통아, 아니 심동아!'

보람이는 정말 심통이가 고마웠다.

반장 수남이가 회의 분위기를 다시 잡으려고 소리를 질렀다.

"자, 여러분. 그럼 이보람 학생이 신문부장이 되는 것을 동의하는 사람은 손들어 주십시오."

"동의합니다!"

"제청합니다!"

"네, 그럼 이보람 학생이 신문부장이 되어서 적극적으로 신문을 만들어 주십시오. 구체적인 사항은 임원회의 때 다시 의논하기로 하지요!"

아이들은 몇 가지 기타사항을 건의하고 학급회의는 끝났다. 다른 회의 시간보다 삼십분 이상이 지난 시간이어도 아이들의 얼굴에는 뿌듯한 만족감이 가득 넘쳐 흐르고 있었다.

보람이는 집으로 돌아가는 발걸음이 가벼웠다. 그러나 하늘은 여전히 흐렸다.

'하늘아, 조금만 참아, 우리가 너를 숨 쉬게 해줄게.'

그 때 누군가 뒤에서 부르는 소리가 들렸다.

심동이가 보람이를 향해 뛰어오고 있었다.

"보람아. 그 동안 내가 못살게 굴어서 미안해. 아이들에게 창피를 주지 않으려고 네가 일부러 져준 것을 알아."

심동이는 크고 넙적한 손을 내밀었다.

보람이는 싱긋 웃으며 심퉁이의 손을 잡았다.

'파타미가 하늘 위에서 이 모습을 보면 좋아하겠지?'

그 때 새롬이가 보람이를 향해 뛰어왔다. 가슴에는 복실이가 안겨 있었다.

"보람이 오빠. 오늘 수업이 일찍 끝났거든. 집에 갔더니 복실이 혼자 있더라구. 햇빛을 좀 쬐어 줄려구."

복실이는 새롬이의 말을 알아듣기라도 한 듯이 왈왈왈 짖어대었다.

하늘은 조금씩 푸른 빛을 내며 보람이, 심퉁이, 새롬이 등 뒤에 깨알 같은 웃음을 뿌리고 있었다.

"새롬아! 언제 복실이 병원에 데리고 가는 날이지?"

보람이는 복실이를 쓰다듬으며 새롬이에게 물었다.

"응, 다음주 월요일이잖아!"

"약은 꼬박꼬박 잘 먹이고 있지?"

보람이는 오후 수업이 있기 때문에 오전 수업만 받는 새롬이가 복실이의 밥과 약을 챙겨주고 있었던 것이다.

"그래, 오빤 꼭 아빠같이 구네!"

새롬이가 입을 삐죽이 내밀었다. 옆에 있던 심동이가 하하하하 웃었다.

"심동아, 우리 집 가서 놀래?"

"정말? 그래. 그리고 나중에 우리 집에도 놀러와!"

심동이는 그 말을 기다렸다는 듯이 기쁘게 말했다.

보람이는 심동이를 데리고 집으로 갔다. 집에는 아무도 없었다. 엄마는 '쓰레기 수거 문제' 때문에 부녀회원을 만나고 다니시느라고 낮에는 계시지 않았다.

"새롬아, 네 방에 가!"

"싫어, 오빠 방에 같이 갈거야!"

새롬이는 어린아기처럼 칭얼대었다.

"안돼! 나중에 와. 오빠들한테 할 얘기가 있단 말이야."

보람이는 부드럽게 타일렀다.

"알았어, 그럼 조금 있다가 나랑 놀아줘야 해!"

"그래 알았어, 네 방에 가서 복실이하고 놀아."

새롬이는 복실이를 안고 자기방으로 들어갔다. 심동이는 보람이 방을 둘러보았다.

"야, 무슨 여자애 방같다. 커텐도 분홍색이네!"

"응 우리 엄마가 분홍색을 좋아하셔. 탁자보, 소파천도 모두 분홍색 계통이란다. 우리 아빠는 어쩔 땐 엄마가 소녀같다고 하셔. 시골에서 밭일이 많아서 집안을 꾸미지 못하더니 서울로 이사와서 소녀처럼 집안 꾸미기를 좋아하게 되셨다

구!”

심동이는 책상 위에 있는 지구본을 홱홱 돌렸다.

“야, 이게 지구본이라는 거지? 과학실에서 봤는데… 와, 지구는 아름다운 것 같애.”

심동이는 지구본을 천천히 돌리면서 지도를 자세하게 보고 있었다.

“여기가 내 나라 대한민국이란 말이지! 내가 이 땅위에 서 있단 말이지? 보람아, 참 신기하다. 지구가 이렇게 동그란데 우리 사람들은 미끄러지지 않으니 말이야!”

심동이와 보람이는 깔깔대고 웃었다.

"야, 심퉁아, 그런데 나 어젯밤에 외계소년 만났다."

보람이가 심각하게 말하자 심동이는 미심쩍은 눈으로 보람이를 바라보았다.

"물론 믿지 않아도 좋아, 꿈이라고 해도 좋고, 어쨌든 나는 분명히 외계인을 만났으니까!"

"보람아, 난 네 말을 믿어!"

심동이가 보람이의 어깨를 두들겼다.

"보람아, 어떻게 외계인을 만났니?"

심동이가 얼굴을 보람이에게 가까이 들이댔다.

"짜아식!"

보람이는 장난스럽게 심동이 얼굴을 밀어내었다.

"나도 잘 몰라! 어떻게 해서 만났는지는. 어느 순간 갑자기 우주에 떠 있었어, 작은 우주선 안에 말이야!"

심동이는 눈을 크게 떴다. 정말 보람이가 외계인을 만났다는 말이 장난스럽게 들리지 않았기 때문이다.

"외계인이 어떻게 생겼는데?"

"온통 초록색이었어. 눈동자도 초록색, 손, 발도 물갈퀴처럼 생겼는데 초록색이었어. 키는 1미터쯤으로 아주 작았어, 내 어깨 높이 만큼 될까? 초록색 몸통은 깊은 주름이 패여 있었어."

"야, 정말이야? 근데 외계인이 왜 널 만난거야? 혹시 선물 같은 건 주지 않던? 다시 또 만날 약속은 언제 했어?"

심동이가 숨도 쉬지 않고 연거푸 질문을 퍼부어대자 보람이는 대답할 생각은 하지 않고 배를 잡고 깔깔대고 웃었다.

"야아, 이보람. 왜 웃기만 하는 거야? 그 사이 허파에 구멍이라도 났니?"

심동이가 뾰로통하게 묻자 보람이는 손을 내저었다.

"아니야, 파타미가 생각나서 그래."

"파타미는 또 누구야? 그런 이름을 가진 친구도 있니?"

심동이는 보람이가 점점 알아듣지 못할 말을 하자 더욱 궁금해졌다.

"심동아, 파타미는 내 친구 이름이야. 어젯밤에 만난 초록색 외계인 말이야. 그 친구가 이런 말을 했거든. '지구인들은 성격이 너무 급하단 말이야!' 라고. 내가 너처럼 한꺼번에 많이 물어봤거든."

그제서야 심동이는 잇몸을 드러내고 활짝 웃었다.

"나는 파타미와 같이 우주를 구경했어! 너무 아름다웠어! 지구처럼 혹성들이 수억 개 있었어. 마치 하늘에 박힌 별처럼 말이야. 근데 그 혹성들은 울퉁불퉁하고 제각기 자기 자

리 위에서 돌고 있었어. 푸르스름한 빛을 내는가 하면 붉은 빛을 강하게 띠고 있기도 했어. 너무 빛깔이 아름다워서 숨도 쉴 수가 없었다구!"

심동이는 보람이의 말에 점점 깊이 빨려들어갔다.

심동이의 눈빛은 마치 꿈꾸듯이 빛나고 있었다.

"아, 보람아. 나두 그 우주에 가고 싶다. 나두 그 외계인 만나게 해주라!"

심동이가 어린아이처럼 조르자 보람이는 갑자기 파타미가 더욱 보고 싶어졌다.

'다시는 만날 수 없는데, 암흑의 우주 어디에서 떠돌고 있을까?'

보람이는 눈시울이 뜨거워졌다.

"보람아, 왜그래?"

"심동아, 아니야, 파타미 생각이 나서 그래! 파타미는 나를 죽음의 혹성에도 데리고 갔어! 자기가 살던 별도 과학문명의 급속한 발달이 가져온 오염 때문에 멸망했다고 했어! 지구를 잘 보호하라고…"

보람이의 커다란 눈망울에서 눈물이 뚝 떨어졌다. 마치 누렁소가 흘리는 맑은 눈물 같았다.

심동이는 보람이가 무슨 말을 하는지 잘 몰랐다. 그러나 보람이의 말이 거짓말 같지는 않았다. 어렴풋이 외계소년이 보람이에게 어떤 말을 하려고 했는지 알 수 있었다.

"보람아, 울지마. 그래서 오늘 학급회의 시간에 그렇게 열심히 말했던 거구나!"

보람이는 고개를 끄덕였다.

"아이들에게는 차마 파타미 이야기를 하지 못했어. 잘 믿어주지 않을 것 같아서 비웃을지도 몰라!"

"아니야, 아이들은 믿어줄 거야. 참말이니까! 보람아, 내 생각인데 타파미 이야기를 이번 신문에 써 보는 게 어떻겠니?"

"이번 신문에?"

보람이는 눈물을 닦고 심동이를 올려보았다.

"그래, 우리들은 우리들의 이야기를 들어줄 수 있어. 어른들은 믿지 못해도 말이야!"

심동이는 잇몸을 다 보이며 즐겁게 웃었다. 보람이도 기분이 좋아졌다.

'파타미, 네가 나한테 한 약속을 잊어버리지 않겠어. 우리들은 너를 기억하게 될거야!'

보람이는 속으로 간절히 파타미에게 말했다.

'고마워, 꼬마 지구인! 나도 너를 잊지 못할거야!'

타파미도 그렇게 말하고 있는 것 같았다.

보람이는 자꾸만 배시시 웃음이 터져나왔다.

자연을 이용한 경제발전

(풍력,수력,태양열을 이용한 친화경에너지)

풍력은 바람으로부터 얻는 에너지다. 아주 오래 전부터 사람들은 항해를 하거나 풍차를 돌리고 물을 퍼 올리는 데 풍력을 이용했다. 최근에는 전기를 생산하는 데 풍력을 이용하기 시작했다. 우리 나라에도 제주도와 대관령 등에 풍력 발전기가 설치되어 있다. 풍력 발전이란 자연의 바람을 이용하여 풍차를 돌리고, 이것으로 발전기를 돌리는 발전 방식을 말한다. 풍력을 이용해 효율적으로 전기 에너지를 얻기 위해서는 초속 5m 이상의 바람이 지속적으로 불어야 한다.

따라서 풍력 발전소는 사막이나 바다와 가까운 지역에 많이 세운다. 풍력 에너지는 환경 오염 물질을 발생시키지 않는 깨끗한 에너지이기 때문에 세계 각국에서 그 활용에 큰 관심을 보이고 있다. 최근의 풍력 발전기는 풍력 에너지의 약 30%를 발전기를 돌리는 에너지로 전환시킬 수 있다.

수력발전의 원리

높은 곳에 있는 물은 큰 위치에너지를 가지고 있어 물을 아래로 떨어뜨리면 높이의 차이만큼에 해당하는 위치에너지가 발생한다. 이때 쏟아지는 물줄기 아래에 물레방아를 놓으면 물레방아가 돌아간다. 물의 높이 차이에 의해 발생한 위치에너지가 운동에너지로 변환되어 물레방아를 돌아가게 하는 것이다.

수력발전소의 장단점
수력발전소에서는 공해가 발생하지 않고 연료의 공급도 필요하지 않다 또 홍수나 가뭄의 조절에도 유용하며, 운영하는 데에 드는 비용이 적다는 장점이 있다. 하지만 아무 곳에나 지을 수 없고, 건설 비용이 크다는 한계가 있다.

태양은 1년에 약 1021㎉의 열에너지를 내뿜지만 그 중에 지구가 받아들이는 양은 20억분의 1 정도이다. 태양이 한 시간 동안 지표면에 보내 주는 에너지의 양은 전 인류가 일 년 동안 소비하는 에너지량과 맞먹을 정도로 많다고 한다. 이와 같이 태양이 보내 주는 에너지의 일부를 모아서 전기로 변환하여 사용하는 것을 태양열 발전이라고 한다.

태양열발전의 장점
- 유지보수비가 적음
- 다양한 적용 및 이용성
- 무공해, 무제한 청정에너지원
- 기존의 화석에너지에 비해 지역적 편중이 적음

태양열발전의 단점
- 초기 설치비용이 많음
- 밀도가 낮고, 간헐적임
- 유가의 변동에 따른 영향이 큼
- 봄, 여름은 일사량 조건이 좋으나 겨울철에는 불리함

우리들이 만드는 기쁨

보람이는 문예부장 민수, 심동이, 혜빈이, 해돌이와 작지만 학급신문을 만들기 시작했다.

글솜씨가 있는 보람이와 혜빈이가 주로 글을 쓰고 심동이와 혜돌이가 여러 가지 자료와 정보를 수집해 오는 기자 역할을 했다. 학급신문은 한 달에 한 번 내기로 했기 때문에 일주일에 한번 모여서 학급신문을 만들었다. 학급신문의 종이는 일부러 재생용지를 사용했다.

종이가 거칠거칠하고 색이 누렇지만 그래도 쓰기에는 조금도 불편함을 느끼지 않았다.

드디어 첫 번째 학급신문이 나오는 날이었다. 보람이를 비롯한 다른 아이들도 잔뜩 기대하는 듯했다.

모두 다섯 란으로 꾸몄다. 학생들이 보거나 체험한 공해문제를 지적하는 란, 보람이가 만난 우주 소년 파타미의 이야기, 학생들이 실천해 나가고 있는 깨끗한 환경 만들기 운동이 어떻게 실천되고 있는지의 상황과, 선생님께서 우리 나라 그리고 세계가 처하고 있는 오염 문제의 심각성을 알기 쉽게 써주신 내용으로 꾸몄다.

드디어 학급 아이들에게 신문을 나누어 주었다.

학급 아이들은 그 학급신문을 다른 반 아이들에게 돌려 읽게 했다. 학교로 수십 통의 전화가 왔다. 그 신문을 본 학부모님들도 '깨끗한 환경 만들기 꾸미기 운동'에 적극적으로 참여하겠다는 내용이었다.

교장 선생님과 다른 반 선생님들도 무척 기뻐했다. 5학년 2반 학급뿐만이 아니라 전교생이 그 신문을 읽도록 했다. 폐지, 우유곽 모으기, 일회용 쓰지 않기, 비닐봉투 쓰지 않기, 세제는 되도록 쓰지 않도록 부모님에게 말씀 드리기 등등. 그 운동은 활발히 전개되었다.

보람이는 이제 학교다니는 일이 즐거웠다. 아이들은 서로 서로 의논하고 협동해서 일을 처리하는 것에 익숙해져가고 있었다. 모두가 한마음이 된 것이다. 보람이는 무엇보다 그것이 기뻤다. 서울 아이들은 자기만 안다고 시골 친구들이 걱정을 했었다.

복실이도 점점 나아지고 있었다.

"오빠, 복실이가 오늘은 놀이터에서 뛰어다녔다!"

새롬이는 매일매일 복실이와 하루를 어떻게 지냈는지 자랑스럽게 말했다.

일주일에 한 번씩 갔던 가축병원의 의사 선생님도 이제는 오지 않아도 좋다고 말씀하셨다.

"보람이와 새롬이가 하나의 생명을 구했구나! 사람만 생명이 있다고 생각하면 안된다. 복실이는 밥만 잘 먹여주면 새끼도 나을걸!"

의사 선생님의 말을 듣고 새롬이는 그 자리에서 펄쩍펄쩍 뛰며 좋아했었다.

그런데 보람이는 복실이 때문에 새로운 걱정이 생겼다.

"보람아, 이제 복실이가 나았으니 딴집에 맡겨야 하겠다. 그 동안은 복실이가 바깥에도 나가지 않고 집에서만 있었기 때문에 아파트 주민들이 개를 키우는지 잘 몰랐지만 이제는 어떡하겠니? 매일 복실이를 집안에다 놓고 키울 수는 없잖니? 복실이도 맑은 하늘을 보면서 뛰어다녀야지?"

엄마의 말씀은 옳았다.

며칠동안 보람이는 복실이를 어떻게 해야 할지를 궁리했다.

"얘야, 복실이를 원래 그 주인한테 갖다 주면 어떻겠니? 네가 복실이를 가져 온 그 가게 말이야?"

엄마가 그렇게 말했지만 그 집은 절대로 안 되었다.

새롬이도 그럴 수는 없다고 했다.

"엄마, 그 집에서는 복실이 밥도 제대로 먹여주지 않는단 말이에요. 더구나 버스 종점 근처라서 나쁜 공기도 얼마나 많이 마시는대요. 복실이는 다시 병이 날지도 몰라요."

새롬이도 옆에서 맞장구쳐주었다.

"맞아요. 엄마. 복실이는 공기 좋은 집에서 사는 착한 주인을 만나야 돼요!"

복실이도 이제는 보통 건강한 개들처럼 컹컹 짖기도 하고 몸무게도 꽤 늘었다. 그리고 틈만 있으면 집 밖으로 나가려고 했다.

어느 날 보람이는 학교를 가다가 좋은 생각이 떠올랐다.

'그래 아마 무척 기뻐할거야!'

보람이는 학교로 뛰어갔다.

오늘은 학급신문을 만드는 날이었다.

"혜빈아, 오늘 학급신문 끝나고 같이 우리 집에 가자!"

보람이는 왠지 가슴이 콩닥콩닥 뛰었다.

혜빈이는 보람이의 얼굴이 빨개져 오는 것을 보고 빙그레 웃었다.

"왜 그래? 보람아, 무슨 일이니?"

"아니, 너에게 줄 것이 있어. 오늘 우리 집에 같이 갈래?"

"뭐?"

혜빈이는 의아스럽게 보람이를 바라보았다.

"응, 우리 집에 가 보면 알거야."

"그래, 궁금한데? 보람이가 서울에 온 지도 꽤 됐구나! 이제 시골 생각이 안 나니?"

혜빈이는 흰 이를 드러내며 웃었다.

"처음에 이 학교에 왔을 때 시골이 무척 그리웠어. 그 곳 친구들이 보고 싶어서 잠을 못 자기도 했어. 지금은 괜찮아. 너같은 이쁜 친구가 있으니까."

보람이는 부끄러워져서 자신의 손을 만지작거렸다.

"보람아, 너 누구랑 꼭 닮았다!"

혜빈이는 보람이의 눈을 들여다보며 눈을 깜빡이면서 말했다.

"누구랑 닮았는데?"

"너희집 귀염둥이 복실이하고!!"

"뭐?… 왈왈!"

보람이와 혜빈이는 서로 마주보며 소리내어 웃었다.

수업이 끝나고 보람이는 혜빈이를 집에 데리고 갔다. 집에는 새롬이도 있었다.

어젯밤에 미리 새롬이에게 말해 놓았던 것이다.

"언니, 안녕!"

새롬이가 반겨 주었다.

"응, 새롬아. 네 이름 참 부를수록 예쁘다."

혜빈이는 보조개가 쏙 들어가도록 크게 웃었다.

"언니, 이거, 내 친군데 잘 키워 주세요!"

새롬이는 안고 있던 복실이를 혜빈이에게 건네주었다.

"어, 복실이를…… 보람아!"

보람이에게 아무말도 듣고 오지 않았던 혜빈이는 선뜻 복실이를 준다고 하자 어리둥절했다. 보람이가 고개를 끄덕이며 말했다.

"그래, 혜빈아, 네가 복실이를 키워 줘. 우리 집은 아파트라 키울 수 없다고 했던 말 기억하지? 너희집은 그래도 주택이고 넓은 정원도 있잖아, 넌 특히 동물들을 사랑하고 말이야!"

"그렇지만 보람아. 새롬이와 네가 얼마나 정성스럽게 복실이를 돌보았는지 잘 알고 있는데……"

"그러니까 복실이를 너에게 맡기는 거지!"

보람이가 힘주어 말했다.

"그래요, 언니라면 우리 복실이를 잘 키울 수 있다고 믿어요."

새롬이는 앙증맞게 혜빈이를 끌어안으며 웃었다.

복실이는 멍멍멍 하고 짖어대었다.

마치 '당신들을 사랑해요.' 하고 짖어대는 것만 같았다. 복실이는 혜빈이의 품에서 뛰어내려와 검은색 꼬리를 살랑살랑 흔들어대었다.

"혜빈이 언니, 우리 복실이 남자 친구 생겼어요."

"정말이니?"

"네, 놀이터에 데리고 나갔는데 어디론가 뛰어가더라구요. 쫓아가보니까 갈색털 강아지하고 놀고 있는 거 있죠. 그 주인한테 물어보니까 그놈은 남자라고 했어요."

새롬이는 한마디씩 또박또박 힘주어서 말했다.

"야, 복실이 좋겠다. 정말 엄마가 될 수도 있겠네! 복실이가 새끼를 낳으면 알록달록 검은 무늬가 있을거야!"

혜빈이가 복실이의 등을 쓸어주면서 말했다.

"혜빈이 언니? 온통 갈색털인 새끼를 나으면 어떡하지? 아빠를 닮아서 말이야?"

새롬이는 정말 걱정스럽다는 듯 물었다.

"괜찮아, 그래도 이쁠거야, 넌 아빠 닮아서 이쁘다고 맨날 자랑하잖아!"

보람이가 오빠처럼 점잖게 말했다.

"그래, 역시 오빠는 아빠를 안 닮아서 잘생기지 않았지만 말이야!"

보람이가 새롬이의 머리를 ‘콩’ 쥐어박았다.

어느 새 보람이의 창문으로 따뜻한 봄햇살이 가득 몰려와 보람, 새롬, 혜빈이, 복실이 머리 위에 살포시 내려앉고 있었다.

도전 리틀과학자

녹색외계인과 미래여행

2015. 5. 4 인쇄
2015. 5. 7 발행

글 대한과학진흥회
그림 정 혜 림
펴낸이 신 주 황
펴낸곳 스완미디어
등록 제2-4534호
주소 서울시 중구 만리동2가 12-33 태영빌딩
홈페이지 www.dollplaybooks.com
대표전화 02) 393-0026
팩스 02) 312-8349

ISBN 978-89-92565-78-3
ISBN 978-89-92565-70-7 (SET)

값 9,800원

C=O
NH2
CH3-CH2-CH2-CH3
CH3-COO
NO2
2Al(OH)3 → Al2O3 + 3H2O
R1
HN
N
O
CN
CN
R2
CH3C=O
NH2
H
C
H
C
C
H
C
C
H

C=O
NH2
CH3-CH2-CH2-CH3
CH3-COOH
NO2
Al(OH)3 → Al2O3 + 3H2O
HN
N
R1
R2
CN
O
CH3C=O
NH2
H
C

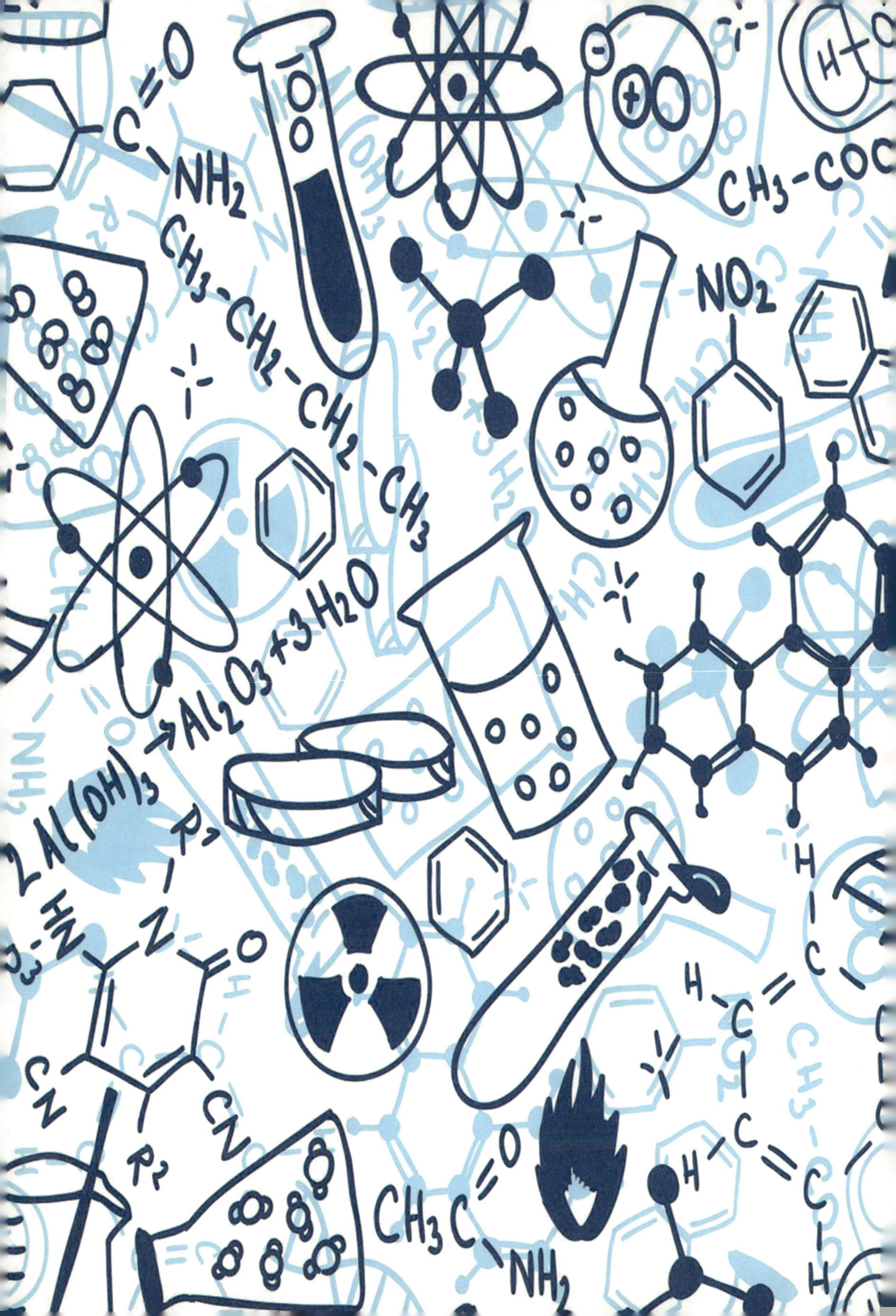
C=O
NH2
CH3-CH2-CH2-CH3
CH3-COO
NO2
2Al(OH)3 → Al2O3 + 3H2O
R1
HN
N
O
CN
CN
R2
CH3C=O
NH2
H
C
H
C
C
H
C
H

C=O
NH2
CH3-CH2-CH2-CH3
CH3-COOH
NO2
Al(OH)3→Al2O3+3H2O
HN
N
R1
R2
CN
CH3C=O
NH2
H
C

C=O
NH2
CH3-CH2-CH2-CH3
CH3-COO
NO2
2Al(OH)3→Al2O3+3H2O
R1
HN
N
O
CN
CN
R2
CH3C=O
NH2
H
C
H
C
H
C
C
H